核心素养背景下高中物理教学应用研究

侯 旭 李丽华 蔡 彬◎著

线 装 書 局

图书在版编目（CIP）数据

核心素养背景下高中物理教学应用研究 / 侯旭，李丽华，蔡彬著. -- 北京：线装书局，2023.7
ISBN 978-7-5120-5539-1

Ⅰ. ①核… Ⅱ. ①侯… ②李… ③蔡… Ⅲ. ①中学物理课－教学研究－高中 Ⅳ. ①G633.72

中国国家版本馆CIP数据核字(2023)第127246号

核心素养背景下高中物理教学应用研究
HEXIN SUYANG BEIJINGXIA GAOZHONG WULI JIAOXUE YINGYONG YANJIU

作　　者：	侯　旭　李丽华　蔡　彬
责任编辑：	白　晨
出版发行：	线装书局
地　　址：	北京市丰台区方庄日月天地大厦B座17层（100078）
电　　话：	010-58077126（发行部）010-58076938（总编室）
网　　址：	www.zgxzsj.com
经　　销：	新华书店
印　　制：	三河市腾飞印务有限公司
开　　本：	787mm×1092mm　　1/16
印　　张：	10.5
字　　数：	240千字
印　　次：	2024年7月第1版第1次印刷
定　　价：	68.00元

线装书局官方微信

前　言

随着信息化和经济全球化的发展，国际竞争日趋激烈。为了提高国家和公民国际竞争力，世界各国掀起核心素养研究的热潮，构建与培养学生核心素养称为国际教育界的研究重点。我国教育者根据实际情况并结合国际经验探索出适合我国国情的核心素养，核心素养成为我国新课程改革的重要指南，落实与培养学生核心素养需要依托各学科教学。基于学科特性把核心素养细化、具体化，随后物理学科核心素养也被提出。物理学作为自然科学领域的基础学科，其核心素养可归纳为物理观念、科学思维、科学探究和科学态度与责任四个方面。与三维课程目标相比，学科核心素养的内涵更为深刻、丰富，更能凸显课程的育人功能。培养学生物理核心素养最有效的方法是教学。

基于此，本书以"核心素养背景下高中物理教学研究"为选题，在内容编排上共设置五章：第一章围绕核心素养的内涵、高中物理学科核心素养、高中物理基础知识与课程结构进行阐述；第二章从教学设计与高中物理教学设计、激发学习兴趣的情境教学设计、培养创新能力的物理实验教学及其问题设计、信息技术与高中物理课程教学的整合、夯实基础的教学内容设计、紧密关联核心素养的教学步骤设计、新课改背景下高中物理教学设计与思考七个方面展开讨论；第三章主要探讨"说课"教学在高中物理课堂上的应用、高中物理5E教学模式实施、基于核心素养的高中物理5E教学模式与策略构建、高中物理教学的学科协调匹配；第四章从高中物理教学中目标教学的实施、高中物理概念与规律的教学策略、高中物理的实验教学策略、高中物理教学的思想方法与问题解决教学策略四个方面进行讨论；第五章针对高中物理教学评价的基本理论、基于多元发展性学生评价体系的构建与实践、高中物理教学设计的评价、高中物理课堂教学的评价、高中物理课堂教学效果评价四个方面展开讨论。

全书内容丰富详尽，结构逻辑清晰，客观实用，紧密结合高中物理教学现状，探讨核心素养背景下的高中物理教育课堂教学与评价。另外，注重理论与实践的紧密结合，力图对我国高中物理教学研究具有一定的参考价值。

本书的撰写得到了许多专家学者的帮助和指导，在此表示诚挚的谢意。由于笔者水平有限，加之时间仓促，书中所涉及的内容难免有疏漏与不够严谨之处，希望各位读者多提宝贵意见，以待进一步修改，使之更加完善。

编委会

朱 蕾 赵 成 张 技
谭 鹏 张春蓉

目 录

第一章 核心素养与高中物理教学初探 ……………………………… (1)
    第一节 核心素养的内涵 ……………………………………………… (1)
    第二节 高中物理学科核心素养 ……………………………………… (16)
    第三节 高中物理基础知识与课程结构 ……………………………… (26)

第二章 核心素养背景下高中物理教学设计 ………………………… (30)
    第一节 教学设计与高中物理教学设计 ……………………………… (30)
    第二节 激发学习兴趣的情境教学设计 ……………………………… (36)
    第三节 培养创新能力的物理实验教学及其问题设计 ……………… (46)
    第四节 信息技术与高中物理课程教学的整合 ……………………… (53)
    第五节 夯实基础的教学内容设计 …………………………………… (68)
    第六节 紧密关联核心素养的教学步骤设计 ………………………… (73)
    第七节 新课改背景下高中物理教学设计与思考 …………………… (75)

第三章 核心素养背景下高中物理教学方法与模式构建 …………… (80)
    第一节 "说课"教学在高中物理课堂上的应用 …………………… (80)
    第二节 高中物理5E教学模式实施 ………………………………… (83)
    第三节 基于核心素养的高中物理5E教学模式与策略构建 ……… (88)
    第四节 高中物理教学的学科协调匹配 ……………………………… (93)

第四章 核心素养背景下高中物理目标教学与策略 ………………… (98)
    第一节 高中物理教学中目标教学的实施 …………………………… (98)
    第二节 高中物理概念与规律的教学策略 …………………………… (105)
    第三节 高中物理的实验教学策略 …………………………………… (115)
    第四节 高中物理教学的思想方法与问题解决教学策略 …………… (124)

第五章 基于核心素养的高中物理教学评价 ………………………… (133)
    第一节 高中物理教学评价的基本理论 ……………………………… (133)

第二节　基于多元发展性学生评价体系的构建与实践 …………………（136）

第三节　高中物理教学设计的评价 ………………………………………（149）

第四节　高中物理课堂教学的评价 ………………………………………（152）

第五节　高中物理课堂教学效果评价 ……………………………………（157）

参考文献 ………………………………………………………………………（163）

第一章　核心素养与高中物理教学初探

核心素养是社会公民在新时代背景下应具备的基本素养，核心素养是人们终身可持续发展并与时俱进的动态过程，也是个体应对未来社会各级各类挑战的基础。本章围绕核心素养的内涵、高中物理学科核心素养、高中物理基础知识与课程结构进行阐述。

第一节　核心素养的内涵

一、素养

素养指的是沉淀在人身上，对人的发展、生活、学习有价值、有意义的东西。

（一）素养的理论基础

1. 素养与素质的关系

"素质"指的是人生而有之、先天具备的东西。"素"，即本色；"素质"，即事物本来的性质、特点或人的生理上的先天特点。从这个角度说，素质是与生俱来的、先天的，是人发展的基础、可能性和条件，对一个人发展的水平和质量有着重要的甚至是决定性的影响。在现实生活中，的确有些人天赋极高、智商超群，学什么都轻而易举；有些人则在某个特定领域有天赋，比如音乐、绘画、空间想象、记忆、身体运动等，这些确实在很大程度上可以归因为遗传。每个人通过遗传获得的能力各不相同，因此各自的发展走向也不同。

中国多年来所倡导的素质教育中的"素质"，其内涵更多地指向后天和教育，它是人通过合适的教育和影响而获得与形成的各种优良特征，包括学识特征、能力特征和品质特征。对学生而言，这些特征的综合统一构成他们未来从事社会工作、社会活动和社会生活的基本素养或基本条件。当人们区分素质和素养时，强调前者是先天的禀赋，后者是后天的产物。这一点尤其表现在生理方面。人们讲生理素质而不讲生理素养，就是因为两者存在先天和后天的差别。从广义角度讲，素质是素养的上位概念，人的素质经由生理、心理、文化、思想等不同层次，不断提升，逐步完善。从生理、心理，到文化、思想，素质的可塑性，即可教性（可学性）逐渐增强，也就是说，先天禀赋成分逐渐减少，而后天教养（素养）成分逐渐增加[①]。

2.素养与教养的关系

从学理角度说，教养即教育出来的素养。一个人的天赋如果得不到合适的教育和训练，是不可能得到发展的，更不能发展成为专业性的素养。教育使人成其为人，人的很多素养都是教育的产物。对此，不少大师有过深刻的论述。人是唯一必须受教育的被造物，而且，人只有通过教育才能成为人。除了教育在他身上所造就出来的东西，他什么都不是。植物的形成由于栽培，人的形成由于教育。有些人的身心生来就很坚实、健康，用不着别人多少帮助，他们凭着天赋的才力，自幼便能向着最好的境界去发展；凭着天赋的体质，能够做出奇迹，但是这样的人原来是很少的，人们日常所见到的人之所以或好或坏，或有用或无用，十分之九都是由他们接受的教育所决定的。人类之所以千差万别，便是由于教育之故。总之，在现实社会中，"人"的定义早已不单单是生物学意义上的两腿直立行走的动物，更是一种追求精神并从精神上获得愉悦的动物，而这种动物需要通过教育和修炼才能成长起来。

不过，人们平常所说的教养，强调的不是"教"，而是"养"，广义上指的是人的整体的全部素养，狭义上指的是人的道德品质。实际上，平常所说的教养也就是个人的修养和涵养。尽管如此，这里主要强调的仍是教养的本义，即教育出来的素养。字面上是"教养"，实质上应该是"育养"。人的素养更多的不是教出来的，而是育出来的。学校教育的突出问题就是"教得多"而"育得少"。教像"工业"，育像"农业"。教出来的多半是外在的知识和技能，育出来的才是内在的能力和品格。

3.素养与修养、涵养的关系

从字面上讲，修养、涵养即自我经过修炼、涵泳而形成的素养，它强调自我教育在素养形成中的作用。"修"和"涵"既能凸显自我教育的意义，又能反映素养的实质和内涵。在素养形成的过程中，自我教育起了关键的作用。一个人若是

[①] 蔡清田.核心素养与课程设计[M].北京：北京师范大学出版社，2018.

没有自我教育的意识和能力，外在的教育根本进不了人的内心，素养也就无从谈起。

4.素养与文明、习性的关系

从个体的角度讲，素养是个体的习性、习惯；从社会的角度讲，素养是一种社会价值、一种人类文明。

从根本上讲，人是环境的产物。环境中每个成员的言行，都是融入一个人成长过程的"建材"，感染着这个人的思想感情与行为，左右着这个人的生活态度。环境给一个人的影响，除有形的模仿以外，更重要的是无形的塑造。

由于文化、环境、制度的差异，人与人之间，特别是不同民族、不同国家的人之间，习性的差异是很大的。需要特别强调的是文化对人的作用。人是文化的产物，不仅人们的观念、价值、感情和行为模式是文化的产物，就连人们的感觉方式、思维方式以至于整个神经系统都是文化的产物。人的一言一行都体现着他所生活于其中的文化。人性就是文化性，和人打交道就是和他所属的文化打交道，理解一个人也就意味着理解他所代表的文化。总之，就来源而言，素养来自遗传（基因、天性、天赋）、环境（文化、制度）、教育和自我教育；就形成机制而言，素养是这些因素共同作用的产物，其中教育发挥着主导作用。

（二）素养对人的作用

1.素养是人的"精神长相"

人的长相分为身体长相和精神长相（外貌和气质）。精神长相就是一个人的素养的外在表现，可以透过一个人的精神长相，了解他的内在素养。一个人的素养——学识、智慧、道德、态度、品格、思想、精神等一定会通过其言谈举止和神态表情表现出来，一个人受教育的过程其实就是塑造自己精神长相、改造自己气质风貌的过程。其中阅读的作用非常重要，因为阅读可以塑造个人外表的优雅和谈吐的风味。

2.素养是人的"人格"

人格是指个人在先天和后天各种因素交互作用过程中形成的内在动力组织和相应行为模式的统一体，是能代表个人个性特点的稳定的心理品质。这些心理品质可以归结为个人一定的价值观、道德观和心理素质等，并通过一定的思维方式、行为模式和情绪反应表现出来，使个人呈现出独特的性格和气质。

从心理学角度讲，人格包括性格和气质，是一个中性的概念。但是，素养展现的却是积极的方面，或者说，一个人只有形成良好的性格和气质，才称得上是一个有素养的人。从教育学角度讲，人格是一个人内心世界的全部，即人的精神世界，多指个性中有格调、有品位的精神内容，特别表现在道德方面。在道德意义上，人格这个概念也经常被使用。例如，说一个人的人格有问题或有缺陷，指的就是这个人道德品质有问题，也就是个人素养有问题。"核心素养"指的就是那些一经习得便与个体生活、生命不可剥离的，并且具有较高的稳定性，有可能伴随一生的素养。其根本特质不在于量的积累，而在于生命个体品质与气质的变化和提升。

3. 素养是人的"行为习惯"

行为习惯是一个人行为方式的自动化（天长日久养成的固定行为模式），是不需要思考和意志努力的行为方式。即当一个人形成了某种行为习惯之后，再也不需要他人的督促或自己的提醒，就能自然而然并轻松自如地完成那种行为，也就是达到了条件反射的程度（或者说达到了"无须提醒的自觉"的境界）。此外，这些行为还会带来积极的正面的心理体验。所有的道德行为只有形成习惯，才能成为一种品质、一种素养，否则都是不可持续的。一个人的素养的形成过程是各种良好习惯的形成过程，或者说，一个有教养的人是有很多好习惯的人。因此，简单说，素养就是养成良好的习惯。

4. 素养是人的"思维方式"

一个人怎么认识世界，怎么思考问题，集中反映了一个人在智力、学识上的素养。

从认识论的角度分析，可以把思维方式看作人的认识定式和认识运行模式的总和。从个体的角度分析，思维方式是个体思维的层次（深度）、结构（类型）、方向（思路）的综合表现，是一个人认知素质的核心。教育面临的最大挑战，不是技术，不是资源，不是责任感，而是发现新的思维方法。从学生学习的角度分析，思维方式反映了学生认识事物的立场和视角，也决定了他们解决问题的思路和方向，对学生的学习质量和水平具有根本的制约作用。学生在掌握知识和发展能力等诸多方面存在的各种问题，都能在思维方式上找到根源。当前，学生思维方式的问题突出表现在对立化（简单化、绝对化）和封闭化（模式化、僵化、固化）上。

对立化思维是一种非此即彼、非好即坏的简单的线性思维方式。以这种思维方式来看待和分析事物，往往容易将相互联系、相互渗透、相互包含的事物置于互不相容的两极，导致事物之间的复杂联系被割裂，将问题简单化、形式化、绝对化，从而影响相关认识和实践活动的健康发展。要改变相互割裂的、非此即彼的思维方式，必须坚持以唯物辩证法为方法论基础，确立一种联系的、辩证的思维方式。学生如果认识问题单一化、绝对化，对与错、正与反、爱与恨、肯定与否定、拥护与反对持一种看法、一种态度，不会从联系的角度辩证地看待事物，不会从不同角度（包括相反的角度）认识、分析问题，进行全面的论证，不仅思维会变得单一、片面，视野也会变得狭隘。

封闭式思维是一种"套路"的思维模式，即用既有的套路和模式来解释和分析所有的认识对象和问题。从哲学角度讲，它就是本质主义的思维方式，即它是一种先在地设定对象的本质，并用此种本质来解释对象的存在和发展的思维模式。本质主义思维方式具有决定性、预设性、确定性等特性。生命是一种开放性、生成性的存在，人的思维也应该具有开放性、生成性的特点。这是人的能力得以不断发展的内在机制。

学校和教师要将培养学生的科学思维方式提升到奠基学生能力、关乎人生长远发展的高度来认识。当前，要从三点着力：第一，要注重科学精神和客观性思维能力的培养，即培养学生用事实进行论证、用逻辑进行推理的思维能力；第二，要注重批判性思维和能力的培养，即注重培养学生独立、个性、新颖的思维和想象能力；第三，要注重把单向思维的培养改为双向思维的培养。具体来说，就是要把中国多年来偏重的演绎思维的培养变成演绎与归纳两种思维并重的培养。

（三）素养的本质特点

讨论素养的特点有个基本的前提，即弄清素养与知识、能力的联系和区别。知识、能力、素养三者都是人所具有的，同时也是可以转化的。知识、能力可以转化为素养，素养也可以转化为知识、能力。尽管三者有着这样相互联系的一面，但是三者也有不同之处，其突出表现在：

就结构而言，知识在人的外层，能力在人的中层，素养在人的内层。也就是说，素养跟人的关系最紧密。知识、能力一般只停留在人的认知领域，而素养则进入人的情意、精神，甚至到达血液、神经，和人的整个生命融为一体，变成人的一种天性、习惯、气质、性格，因此它会在一切场合、一切活动中自然流露、表现出来，这是素养最本质的特点。

就成分而言，素养具有综合性、包容性。一般来说，能力包含知识，而素养则包含知识和能力，但是，不是所有的知识和能力都能转化为素养。只有当知识由公共知识真正转化为个体知识，能力由特殊情境的能力（只在特殊情境下表现出来的能力，极端的例子就是应试能力）转化为有普适意义的能力（具有广泛的迁移性）的时候，知识和能力才会变成人的一种素养。反过来说，最有价值的知识和能力就是可以转化为素养的知识和能力。

就内容而言，素养具有广泛性。素养涵盖了除知识、能力之外的其他非常广泛的内容，是人的整体生命气象。其中有的与知识、能力关系密切（甚至互为基础、互相转化），有的只有间接的关系，有的甚至没有什么必然联系。但是，它们也是素养的重要组成部分，对一个人的成长和发展同样不可缺少。从这个角度讲，只停留在传授知识和培养能力上的教育是远远不够的。

就表现而言，素养具有稳定性、一致性。构成素养的内容和特征必须是经常的、稳定的、一贯的表现，就像构成个性的特征一样。例如，对于开车遇到红灯要停这一交通规则，人们如果形成了一种素养，那么不管在什么时候（白天还是晚上抑或是深夜），遇到红灯都会自觉停车。同样的道理，一个人在待人接物方面的素养，也表现为对待所有人都一视同仁。学习方面的素养也一样，只有当学生身上能够一贯而稳定地表现出一种学习行为或思维活动的时候，才算形成了一种学识上的素养。比如，只有当一个学生能够经常提出新问题、冒出新创意时，才能说这个学生具备了创新的素养。

就功能而言，素养是一个人的精神财富，它是人生意义、人生价值、人生幸福的支撑。素养决定一个人的人生高度和深度，决定一个人的生活品质和品位。素养让人活得有尊严、有意义、有价值、有境界。对个人如此，对社会也是一样。一个社会的文明，取决于这个社会所有成员的素养。素养的本质在于人的精神生活，而不在于物质生活。联系到现实，有素养的人则会像鲜花一样，无论何人看到，都会产生愉悦和舒适的感觉。

个人的发展如此，国家、民族的发展也是如此。一个国家的繁荣，不取决于它的国库之殷实，不取决于它的城堡之坚固，也不取决于它的公共设施之华丽；而取决于它的公民的文明素养，即取决于人们所受的教育、人们的远见卓识和品格的高下。这才是真正的厉害，真正的力量。

二、核心素养

（一）核心素养的理论基础

1. 建构主义学习理论

建构主义学习理论是从认知理论发展而来的，其代表人物是布鲁纳和皮亚杰，建构主义提倡自主探究和合作探究，强调知识的建构性、学生学习的积极性、学习中的情境性。

在知识学习方面，由于每个学生都有自己的背景和经验，他们在面对新事物、新知识时，会根据自己的个人经历去理解和认识，因此他们对于事物的理解和认识是不同的，不同的学习者对同一问题会有不同的理解，并且理解只能由个人根据自己的经验背景来建构，所以说学生不应该"唯书唯师"，而是应该有自己的观点。

建构主义强调学习的情境性，认为知识不是孤立存在的，知识存在于具体的情境中，学习新知需要依赖具体情境才能更好地理解和掌握，学习者根据教师所创造的情境进行体会和理解新知，教师是教学活动的主导者，教师创造合适的情境引导学生学习新知，学生进行知识的构建。学习是学习者内在控制的过程，学生是教学活动的积极参与者，积极建构知识，建构主义要求教师在教学活动中尊重学生的主体地位，发挥学生的自觉性、主动性和创造力，不断提高学生的学习能力，最终使学生成为能够自我教育的社会主体。

传统的教师充当的是知识的讲授者，教师只是传授知识，建构主义者强调教师的职责不应该是给予，而应该把自己当成引导者，是意义建构的帮助者，通过激发学生的学习兴趣，引发和保持学生的学习动机。通过创设满足教学内容要求的情境，揭示新旧知识之间的联系，帮助学生建构当前知识的含义，促进学生的知识建构。每个人的认知结构和认知方式都是不同的，应该注重以学生的学习活动为中心。建构主义与传统的教学观相比，更多的是注意学习者自身在学习中的重要作用。教学应提供一个良好的环境，促进学习者积极探索新知识，促进学生对话交流和协作学习。

5E教学模式就是在建构主义教学理论的基础上诞生的。各个环节的设置目的就是让学生主动建构自己的知识结构。该模式提倡学生的独立自主探究和解释过程，即运用建构主义学习理论来培养学生解决问题的能力。

2. 奥苏伯尔的有意义学习理论

奥苏伯尔是美国著名的教育家，按照学习的方式，把学习分为接受学习和发现学习，学习应该是接受学习，并根据学习材料与学习者之间的关系把学习分为机械学习和有意义学习，学习应该是有意义的学习，因此学生的学习是有意义的接受学习。有意义的学习是指新知识和旧知识之间的非人为的和实质性联系。接受学习是指教师呈现新知，而学生通过新旧知之间的联系来理解和掌握它。

学生的学习主要表现为接受学习，在接受学习的过程中，教师呈现的大多数新知识都是科学性的基础知识，包括一些抽象的概念、命题、规则等，学生的学习主要基于旧知识与新知识之间建立联系，从而理解新知识的意义。学习新知的过程就是新旧知识之间相互作用的过程，因此原有的知识结构和经验对学生能否获得新知起着关键性作用，影响有意义学习建立的两个主要因素是学习材料和学习者原有的认知结构，首先，教师应该提供恰当的学习材料，它是符合学习者的认知水平以及能与旧知建立联系的；其次，学习者必须有一定的知识基础，并且教师应该激发和促进学生积极主动地接受新知。学习材料是有意义学习的外部影响因素，因此教育者需要创设良好的外部学习条件，创设问题情境，激发学生学习的兴趣，逐步进行有意义学习。

有意义学习理论突出强调四个方面：第一，学习中应该要理解知识，而不是记忆知识。也就是说在当学习一些已被证明的命题、定理时不是简单地记住它，更多的是理解它，将其内化；第二，促进学习者的主观能动性，学习者不是知识的容器，而是知识的建构者；第三，原有认知结构和知识是非常重要的，新知识的学习主要依赖于原有认知结构中与之相关联的知识去建立联系来接受它，因此在教学中应该注重学习者的原有知识基础；第四，学习材料的情境性是学生学习的重要因素，在教学过程中教师应该提供恰当的学习材料，引发学生学习的积极性和主动性。

（二）核心素养的内涵阐释

1.核心素养的组成与培养

从核心素养的基本理论而论，核心素养理念，包括核心素养的理念、核心素养的理据、核心素养的特质、核心素养的培养。核心素养是一系列多元维度组合而成的理念，每项核心素养均涵盖知识、能力与态度，不仅可将知识、能力加以升级转型，也可将学科知识、基本能力与核心能力加以升级转型，使核心素养具备促进个人实现与社会发展的多元功能。核心素养可通过学校教育阶段的连贯与统整的规划，转化成为幼儿园、小学、初中、高级中学等教育的四个关键教育阶段的核心素养，甚至可进一步转化成为各教育阶段的语文、数学、自然科学、科技、社会、艺术、健康与体育、综合活动等学习"领域/科目"核心素养。

就核心素养的理念而言，核心素养是个人参与社会生活所不可或缺且必须具备的基本的、基础的与核心的素养。核心素养意指个人为了健全发展，并发展成为一个健全个体，需具备的适应社会的复杂生活情境需求所不可欠缺的核心且关键必要的素养，包括使用知识、认知与技能的能力，以及态度、情意、价值与动机等。核心素养不只包含学科知识、基本能力与态度、情意的统整，更强调以公民作为终身学习者的主体。核心素养统整了知识、能力、态度，是在学科知识、基本能力、核心能力与关键能力基础之上，加以扩展进化、升级转型成为公民面对当前与未来社会生活世界所需的素养，包含了幼儿园及中小学的基本能力、大学学科的核心能力、社会发展与个人生活与就业所需的关键能力等，但又超越其范畴，可弥补在态度、情意、价值等维度的不足。核心素养可适应社会需求，适用于复杂多变的新经济时代与信息社会的科技网络时代的各种生活场域，可积极地响应生活情境的复杂需求，可同时涵盖学科知识、基本能力与核心能力、态度、情意等，更可弥补过去传统农业社会与工业社会的基本能力的不足，因此，有必要适应时空改变与社会变迁，培养当代及未来生活所需的核心素养。

2.核心素养的要点

核心素养要合乎关键的、必要的、重要的核心价值。核心素养的理念可分为三个要点：第一，核心素养具有关键的核心价值，不仅有助于个人发展潜能，而且可以产生社会与经济效益,而且超越特定"职业/工作"的工业社会经济框架,从而扩至终身学习、社会公民责任等各种关键的价值;第二,核心素养具有必要的核心价值,必须能够有助于个人将其应用在各种生活情境、社会场域、学校教育类别与学习领域/科目当中;第三,核心素养具有重要的核心价值,不是单独针对专家很重要,而是必须对每一个人都很重要,具有共同的重要性,不只是单独针对特定教育阶段很重要,而是针对每个教育阶段都很重要。

核心素养是关键的素养、必要的素养、重要的素养,而且要量少质精,具体表现在以下方面:

(1)核心素养具有关键的核心价值,不仅有助于个人发展潜能,还可以产生社会与经济效益,而且超越特定"职业/工作"的工业社会经济框架,从而扩至终身学习、社会公民责任等各种关键的价值。

核心素养是一种同时有助于个人发展与社会发展的关键素养,就如同是居于核心地位的关键要素的关键核心,也是同时有助于个人发展与社会发展的关键的要素与关键的核心。核心素养的人力资本的投资,不仅有助于经济发展,更有助于个人的健康、亲子关系、社会福祉、社会与政治参与。从强调社会人力资本对个人、经济、社会的关键的核心价值而言,核心素养是关键的素养,必须具有关键的核心价值,不仅有助于个人发展潜能,而且可以产生社会与经济效益,有助于产生对个人与社会关键的价值结果。

过去的教育观念往往是建立在以工业社会的工作需求为主要考虑的关键重点之上的,已经不能适应经济社会变革的要求,不能满足竞争的要求,例如,过去英美等国相当注重"职业/工作"的价值,重视功能性素养的培养,强调实际工作场所的应用性。但是,近年来世界各国关于素养的论述,早已经超越特定"职业/工作"的工业社会经济框架,从他人扩至终身学习、社会公民责任等各种广泛的社会场域、范畴等关键的价值,不只可以产生社会与经济效益,更可产生终身学习与社会公民责任的关键的价值。例如,法国、德国与奥地利等国强调多元维度的素养,兼并具体行动素养和功能性素养,以及潜在的知识、能力与态度,不再以特定"职业/工作"的工业社会经济框架为要求基准。特别是经济合作与发展组织进行的"素养的界定与选择"的专案研究提出的能自律自主地行动、能互动地使用工具、能在异质社群中进行互动的核心素养,已不限于特定行业与职业工作,而是着眼于整个教育体系的共同架构,着眼于个人终身学习、个人生涯发展、社会参与、公民责任等方面所需要的关键素养。

(2)核心素养具有必要的核心价值,必须能够有助于个人将其应用在各种生活情境、社会场域、学校教育类别与学习领域/科目当中。

核心素养具有必要的价值,必须能够有助于个人将其应用在各种生活情境、社会场域、学校教育类别与学习领域/科目当中，从而适应生活情境的各种社会场域的必要而复杂的需求与挑战，并可以带来效益。这种必要的特质，也就是身为一个人在生活中的行动，应有共同生活的原则。

核心素养是个人为了发展成为一个健全个体，必须适应生活情境需求所不可欠缺的必要素养。核心素养是所有社会成员共同必须具备的必要素养，而且是居于最核心地位的必要素养。个人参与许多不同层面的活动，为了运作良好或表现成功。

消费者、学生、雇员或雇主、家人等不同生活领域的角色，都必须具备必要的素养，以适应广大生活情境、社会场域、学校教育类别与学习领域/科目的个人生活的与社会生活的复杂需求。换言之，核心素养具有必要的价值，有助于个人有效地去探索并跨越多种不同生活情境的社会场域边界，如经济层面、政治活动、社会关系、家庭生活、公共与私人人际关系以及健康休闲领域、各种学校教育类别与不同学习领域/科目边界等。这代表核心素养具有必要的价值，核心素养是跨领域的，可以应用在许多不同的生活情境、社会场域、学校教育类别与学习领域之中。这呼应了联合国教科文组织强调的学习应该贯穿一生的观点，核心素养的学习是水平的整合学习与生活，跨越家庭、社区、学习、工作、休闲及其他生活领域的学习历程。为适应社会不断变迁，现代人必须具备"学会求知""学会做事""学会共处""学会自我实现""学会改变"的终身学习的核心素养，同时，为了能充分发展阅读、思考、生活与创造能力，学习必须成为终身的持续历程。

（3）核心素养具有重要的核心价值，不是单独针对专家很重要，而是必须对每一个人都很重要，具有共同的重要性。联合国教科文组织甚至强调具备核心素养是基本人权，对每一个人均有其重要性，而非仅对生手或专家很重要，且应该本着人人平等的原则提供核心素养的学习机会，以协助其持续发展。这彰显了核心素养有助于个人获得成功的生活与建立功能健全的社会的功能。主管部门应积极促使每一个人皆能具备与持续发展核心素养，例如，欧盟强调个人在义务教育结束后，应该能够适应社会生活与成人工作生活，并能在日后生活与职场中持续强化素养，同时主管部门必须承诺与确保为公民提供培育发展核心素养的平等机会，弱势团体则需有较多的教育支持。换言之，主管部门需要创造出适宜公民发展核心素养的机会。核心素养的获得与发展是每一个人生活必须具备的重要权利，主管部门对此必须有全盘完善的政策规划，促使公民在一生中能够拥有适当的资源与机会，在各种社会与生活领域中持续发展核心素养。

核心素养不是来自先天遗传，而是经过后天学校教育所学习获得的知识、能力与态度，以便人们日后能有效适应社会生活所需。因此核心素养是预期可通过以素养为本的课程，通过以素养为核心的课程，经由学校教育后可习得的素养，将来可有效地使人们获得成功的个人生活,从而建构功能健全的社会。学校教育的正式课程可培育人们所需的核心素养,应将核心素养列为课程目标的重要来源,并将基本能力的范畴扩大为公民所需的核心素养。核心素养彰显出教育是社会发展的根本基础,而素养是教育的具体展现,可促成公民在知识、能力、态度上的统整,对个人发展积极人生及社会发展健全功能影响深远。课程的教材与教法,不仅是改变心智的工具,更是提升素养的重要媒介。因此,以核心素养为本的课程设计,可提升核心素养,有助于个人发展的自我精进与社会发展的凝聚团结,因此受到联合国教科文组织、经济合作与发展组织及欧盟等国际组织的高度重视[1]。

特别是核心素养的课程改革,是个体发展与社会发展的关键,更是培育能实现自我与社会健全发展的高素质公民与世界公民的重要基础,更是当前联合国教科文组织、经济合作与发展组织所强调的教育改革重点。从对"国际学生评价计划""科学、技术、工程、数学"(Science, Technology, Engineering and Mathematics, STEM)等大型的学力评价的比较可以发现,测验分数较高的都是欧美与亚洲先进国家,因此特定智力发展可通过改变环境来提升公民素养。首先是教育年限必须延长;其次是让学生提早入学;再次是课程必须创设学以致用的情境;最后是要打破封闭的状态,尽力吸收多元文化的观点。

3.核心素养的界定

下面所定义的核心素养是指个人为了健全发展,并发展成为一个健全个体,必须适应社会的复杂生活情境需求所不可欠缺的知识、能力、态度。核心素养不只包含学科知识、基本能力与态度、情意的统整,更强调以公民作为终身学习者的主体,是在学科知识、基本能力与核心能力等基础之上,加以扩展进化、升级转型成为公民面对当前与未来社会生活世界所需的素养,且各教育阶段的核心素养可与各领域/科目的学科知识、基本能力、核心能力及态度、情意价值进行统整,有助于培养终身学习者的健全公民。

核心素养是核心的素养,是经过专业人士精心挑选出的适应当前与未来社会生活所需的素养。可通过课程设计将学科知识、基本能力与核心能力加以扩展、升级转型并整理成为精密组织的螺旋结构,成为可教学、可学习、可评价的核心素养,合乎课程设计的继续性、顺序性、统整性,可促成各学习领域/科目课程设计的衔接性与连贯性,从而建构各教育阶段课程的连贯体系,促进各教育阶段课程衔接,提升教师的课程设计与教学实施效能并提升学生学习效能,达成教育功

---

[1] 蔡清田.核心素养与课程设计[M].北京:北京师范大学出版社,2018.

能,促进个人发展与社会发展,因此核心素养被誉为课程发展与设计的关键DNA[1]。

核心素养的理念,合乎选择核心素养的关键的、必要的、重要的核心价值,也呼应核心素养具有个人发展与社会发展的双重功能,可作为教育目标的重要来源,具有课程改革的深远内涵。若核心素养被翻译为基本能力或核心能力,就会容易被狭隘地误解为技能,不能完整表示包含知识、技能、态度、价值观等的较为广泛的内涵。

核心素养与基本能力的比较可从理念定义、实例内涵、教育主体、适用社会、理论依据、教育功能进一步着手研究:

第一,就理念定义而言,素养必须经过选择以精心挑选出核心而关键必要的核心素养,将其作为课程设计的核心。每一个人终其一生一定需要许多的素养,如学会听、说、读、写等语文沟通、解决问题等日常生活所需的素养,以适应一般大众社会生活所需,而且这些所有社会成员都应该具备的共同素养,是可以再区分为比较关键的、必要的、重要的且居于最核心地位的核心素养,以及由核心素养所延伸出来的其他相关周边外围素养,这些关键的、必要的、重要的而且被认为是最根本、不能被取代的关键少数且居于最核心地位的素养叫作核心素养。

联合国教科文组织、经济合作与发展组织、欧盟等国际组织以及西方各国学者倡导的"core competencies"相当接近中国研究的核心素养的理念。核心素养是"核心的"素养,是从一般社会生活所需的素养当中选择出来的一些关键少数而重要的素养,可作为核心学习领域/科目的重要内容,可成为学生学习所必修的关键内容,这种核心素养是每个学生都必须学习获得的重要内容,也是所有学生所要共同学习的核心内容。相对地,外围的素养则是不同的学习对象所需要具备的素养,不同于所有学生所需的核心素养,外围的素养不像核心素养那样相对稳定,外围的素养会随着学生对象、学习领域/科目、学习环境、年代的变迁等不同条件情境的改变而有差异[2]。

第二,就实例内涵而言,核心素养兼具促进个人发展与促进社会发展的双重功能,不仅可提升公民素养及个人竞争力,协助个人获得成功的个人生活,更可建构功能健全的社会。其主要原因是核心素养的理念较为精确而周延,核心素养不只重视学科知识,也重视基本能力和核心能力,更强调态度、情意价值的重要性,是个人参与社会生活所不可或缺且必须具备的素养,是个体为了发展成为一个健全的个体,必须适应未来混沌复杂的生活情境需求所不可欠缺的知识、能力

---

[1] 黄光雄,蔡清田.课程发展与设计新论[M].台北:五南图书出版公司,2015.
[2] 张民选.国际组织与教育发展[M].上海:上海教育出版社,2010.

与态度。基本能力是指个人具有能够胜任某项任务的才能的实际能力与潜在能力，可能未涉及态度、情意价值。例如，一个人即便有基本能力撰写书信，但如果没有正当态度而去撰写不实信息，这不是基本能力不足，而是态度不对，不配称为具备核心素养。

一方面，核心素养可以彰显素养的核心地位；另一方面，核心素养并可涵盖基本素养、核心能力、基本能力、关键能力等范畴。核心素养的实际内涵包括自主行动的身心素质与自我精进、系统思考与解决问题、规划执行与创新应变，沟通互动的符号运用与沟通表达、科技信息与媒体素养、艺术涵养与美感素养，社会参与的道德实践与公民意识、人际关系与团队合作、多元文化与国际理解的内涵主旨。核心素养可涵盖十大基本能力：①了解自我与发展潜能；②欣赏、表现与创新；③生涯规划与终身学习；④表达、沟通与分享；⑤尊重、关怀与团队合作；⑥文化学习与国际了解；⑦规划、组织与实践；⑧运用科技与信息；⑨主动探索与研究；⑩独立思考与解决问题。可见核心素养涵盖了中国人的各项基本能力，不仅重视知识，也重视基本能力，更强调态度、情意的重要性，可超越过去传统的学科知识、基本能力、核心能力，更可纠正过去重学科知识、基本能力、核心能力而忽略态度价值的偏失。

第三，就教育主体而言，核心素养的表述可彰显学习者的主体性，而不只是针对某个特定的学习领域/科目而已，更重要的是强调不以学科知识作为学习的唯一范畴，而是关照学习者可通过"做中学""知行合一"与"学以致用"，把核心素养统整运用于生活情境之中，强调其在动态发展的社会生活情境中能实践力行的特质。此外，就先天遗传与后天学习而言，核心素养强调教育的价值功能，素养是通过教育引导的学习结果，并非先天遗传的能力，核心素养是后天努力学习而获得的知识、能力、价值态度，合乎认知、技能、情意的教育目标，重视教育过程与结果。相对地，基本能力比较强调个人基本生活所需的能力，且基本能力的形成可能是经由先天遗传，不一定都是经过学校教育的后天努力学习获得的，未能充分彰显后天的学校教育价值功能。站在社会发展与人力资源的教育工作立场而言，应该通过各教育阶段的实施，强调核心素养的后天学习而非强调先天遗传的基本能力，通过教育规划引导学生学习，以培养公民的核心素养。

第四，就适用社会而言，核心素养是指统整的知识、能力及态度的素养，能积极地响应个人及社会的生活需求，使个人得以过着成功与负责任的社会生活，面对现在与未来的生活挑战。核心素养承续过去课程纲要的学科知识、基本能力与核心能力等，但涵盖更宽广和丰富的教育内涵。核心素养可适应社会需求，适用于复杂多变的新经济时代与信息社会的科技网络时代的各种生活场域，特别是适应当前后现代社会复杂生活所需的语文素养、科学素养、信息素养、媒体素养、多元文化素养、环境生态素养、自主行动、沟通互动、社会参与等，可同时涵盖学科知识、基本能力与核心能力、态度、情意等，更可弥补过去传统社会与工业社会的基本能力的不足，因此，有必要适应时空改变与社会变迁，培养当代及未来生活所需的核心素养。

第五，就理论依据而言，核心素养具有哲学、人类学、心理学、经济学、社会学等不同的理论根据，并可进一步深入探讨联合国教科文组织、经济合作与发展组织所进行的研究，从探讨核心素养的相关研究与课程改革，作为建构核心素养的理据。而基本能力往往较偏向个人工作谋生，偏向个人主义的功利导向，易陷入能力本位行为主义的争议。核心素养乃是一系列多元维度组合的综合整体，每项核心素养均涵盖知识、能力与态度维度，核心素养同时具备促进个人实现与社会发展的多元功能，核心素养具有跨越各种社会场域与学习领域的广度，核心素养牵涉反省思考的高阶心智及复杂行动学习的高阶复杂的深度，核心素养必须通过不同阶段的长期培育来获得。

第六，就教育功能而言，核心素养兼具促进个人发展与促进社会发展的双重功能，强调为了发展成为一个健全个体，必须适应未来复杂的社会环境与优质生活的需求。基本能力强调每个人的个人能力，强调满足个人的基本生活的需要的能力，解决基本生活及工作场域的问题，存在流于个人主义，往往未能考虑社会需求的现象，也未能全面顾及社会功能。这不同于核心素养兼具促进个人发展与促进社会发展的双重功能，核心素养可协助个人获得积极的个人生活，从而建构功能健全的社会，合乎当代与未来社会发展的需要。

核心素养可以顺应当前联合国教科文组织等国际组织所倡导教育改革的国际潮流与课程改革的世界脉动，更可和经济合作与发展组织所进行的"素养的界定与选择""国际学生评价计划""国际成人素养评价计划"等研究接轨，呼应核心素养应达到的学科知识、基本能力与态度、情意维度水平，进一步地引导学生学习获得带得走的基本能力，并升级进化、转型为可适应未来生活所需的核心素养。

核心素养是预期学生经过学习之后所必须具备的素养，核心素养系指共同性的素养，具备多种功能，可以达成不同目标，可学习迁移并运用到许多不同社会情境与学习领域，并能有助于个人达成适应未来个人生活与社会情境的复杂要求。核心素养可作为课程目标的重要来源，人们据此进行课程规划、设计、实施与评价，这说明课程改革似可促成教育基因改造，核心素养是课程改革的DNA，更是课程发展与设计的关键DNA。另外，这也呼应了各国际组织所指出的核心素养的重要性，尤其是当前新经济时代与信息社会的科技网络时代生活所需的自主行动、沟通互动、社会参与等素养，可弥补过去传统社会与工业社会的能力的不足，让学生在幼儿教育阶段、初等教育阶段、前期中等教育阶段、后期中等教育阶段四个关键教育阶段跨越各个领域/科目课程进行学习。核心素养不仅是关键的、必要的、重要的素养,更是公民应共同具备的,具备促进个人发展与促进社会发展的双重功能,可满足优质的个人生活需求,使人们获得成功的个人生活,更可以使人们达成优质社会发展愿景的经济繁荣、社会团结、生态永续,从而建构功能健全的社会主义和谐社会。

(三) 核心素养的特质

联合国教科文组织、经济合作与发展组织等国际组织,将核心素养当成课程设计的关键DNA,是培养能实现自我与社会健全发展的高素质公民与世界公民的重要基础。核心素养是经济合作与发展组织进行"素养的界定与选择"的重要研究发现的理据,更是其推动"国际学生评价计划"的理据,因此,需要进一步探讨核心素养的特质。核心素养是一系列多元维度组合的综合整体,每项核心素养均涵盖知识、能力与态度,具有跨越各种社会场域与学习领域的广度,牵涉反省思考的高阶心智及复杂行动,须通过不同阶段的长期培育等,彰显了素养是后天习得的,也是一种可教、可学的理念,具有内隐的与外显的表现的"类似冰山"本质,呼应了核心素养的哲学、社会学、经济学、心理学及人类学等学术理论。

因此,下面核心素养的特质在上述本质、理念与理据的基础上,更进一步指出核心素养具备多元维度、多元场域、多元功能、高阶复杂、长期培育的"三多一高一长"特质,具体见表1-1[①]。

表1-1 核心素养的五种特质及其学术理据

核心素养的五种特质	核心素养的五种特质的具体描述	学术理据
多元维度	核心素养是具备多元维度的综合整体,是建立在后现代社会多元维度的哲学理据之上的	哲学理据
多元功能	核心素养同时具备促进个人发展与社会发展的多元功能,是建立在后现代社会多元功能的经济学理据之上的	经济学理据
多元场域	核心素养具有跨越各种社会场域与学习领域等多元场域的广度,是建立在后现代社会多元场域的社会学理据之上的	社会学理据
高阶复杂	核心素养牵涉反省思考的高阶心智及复杂性行动学习的高阶复杂的深度,是建立在后现代社会高阶复杂的心理学理据之上的	心理学理据
长期培育	核心素养必须通过各级教育阶段的终身学习的长期培育,是建立在后现代社会长期培育的人类学理据之上的	人类学理据

---

① 余文森.核心素养导向的课堂教学[M].上海:上海教育出版社,2017.

第二节 高中物理学科核心素养

　　学科核心素养是指学生通过学科学习逐步形成的正确价值观念、必备品格和关键能力。人类的活动产生经验，经验的积累和消化形成认识，认识通过思考、归纳、理解、抽象而上升为知识，知识在经过运用、得到验证后进一步发展并在科学层面上形成知识体系，处于不断发展和演进的知识体系根据某些共性特征进行划分而成学科。不同学科知识间既彼此独立、自成体系，又相互联系、密不可分。因而，以学科知识为载体的各学科核心素养间同样呈现立体交叉、多维重叠的样态，它们在核心素养不同维度的发展上各有侧重，各有特点，形成核心素养。核心素养与学科核心素养之间是全局与局部、共性与特性、抽象与具象的关系；核心素养是由多个学科核心素养交叉综合构成的。不同学科呈现出不同的核心素养，这种差异一方面是由学科内涵差异导致的，另一方面也与学科本质密不可分。因而在探讨学科核心素养时，应首先了解这一学科的学科内涵及学科本质。

一、物理学的学科内涵及其本质

　　"物理学"的英文为"physics"，起源于古希腊文，意为"自然"。物理学研究宇宙间存在的各种主要的基本形式，它们的性质、运动和转化以及内部结构，从而认识这些结构的组元及其相互作用、运动和转化的基本规律。物理学是人类对自然界中存在的物质的基本结构、相互作用和运动规律的认识。物理学被界定为自然科学领域的一门基础学科，研究自然界物质的基本结构、相互作用和运动规律。物理学基于观察与实验建构物理模型，应用数学等工具，通过科学推理和论证，形成系统的研究方法和理论体系。

　　由物理学的内涵可以看出，物理学是认识自然、解释自然的科学实践活动。人类在不断探索自然现象、了解自然规律的科学实践中，不断积累着知识结晶，形成了物理学知识体系。同时，在人们不断从物理学视角认识自然、解释自然的过程中，基于物理学知识体系的物理观念也在不断发展。例如，从"热素"学说到原子和分子的运动，从能量守恒到宇称破缺，新的物理观念不断影响着人类对自然和社会现象的认识。物理学的发展不断克服着人们的保守和偏见。

　　在长期的科学探索活动中，人类还不断地改变着认识世界的方法。观察、实验与科学思维相结合，是物理学的基本特征。在从物理学萌芽至今的漫长发展历史中，人们从最初通过肉眼观察，到通过各种仪器进一步观测与实验。随着物理学和由其带动的实验技术和精密观测工具的发展，人们对自然的认识范围在微观和宏观世界都得到了拓展。在大量实践探索活动的基础上，人们逐渐形成了一系列科学思维方式。例如，基于经验事实建构理想模型的抽象概括，基于科学理性的分析综合与推理论证，基于事实证据和科学推理对不同观点和结论提出质疑与批判，等等。

科学探究是人类探索自然、获得科学知识的主要方法，其根源于人类思想中与生俱来的好奇心。在长期的科学探究过程中所形成的科学探究方法，不仅是后人对物理学和其他学科进行探究的有效工具，对社会问题的研究和解决都有重要意义。

物理学是人类文化的组成部分和技术的基础。科学家在物理学研究过程中的科学态度和科学精神是人类文化中不可缺少的组成部分。物理学技术的应用，改变了人们的生产生活方式，推动了社会的发展。然而，物理学在给人类带来巨大益处的同时，也给人类的生活与社会的发展带来一些新的问题，如能源问题、环境问题、科技伦理问题等。这些问题的解决需要人们深入理解科学—技术—社会—环境之间的关系，更加有效、理性地应用物理学技术，在使用技术时遵循道德规范，具有可持续发展的社会责任感。

二、高中物理学科核心素养的体现

基于物理学内涵及学科本质的分析，结合中国学生发展核心素养界定，高中物理学科核心素养是物理学科育人价值的集中体现，是学生通过物理学科学习而逐步形成的正确价值观念、必备品格和关键能力，主要包括"物理观念""科学思维""科学探究""科学态度与责任"四个方面。

从这一概念界定中可看出，在目标指向上，高中物理学科核心素养主要指向通过物理学科要培养什么样的人，即经过物理学科的学习，高中生应具备具有物理学科特质的、满足个人发展与社会发展所需的正确价值观念、必备品格和关键能力。

在性质设定上，高中物理学科核心素养是指所有学过物理的高中生在未来个人发展和社会发展中所应具备的具有物理学科特质的、最关键和必备的共同素养。

在内容构成上，高中物理学科核心素养是物理知识、科学能力和科学态度的综合表现，是一个复杂的结构，具有综合性，在解决问题过程中，其作用的发挥也具有整合性。

在发展过程上，高中物理学科核心素养具有阶段性，教师需要关注不同年级学生应该达到的水平，关注物理学科核心素养培养中不同年级的差异性，明确适合学生年龄特征和物理学科特征的核心素养培养目标。

(一) 物理观念

"观念"(idea)是哲学的一个中心词汇,原意是"事物的形式"。通俗而言,观念是客观与主观的统一体,即外界客观存在与主体主观经验共同作用的结果。可见,基于主体主观经验的差异,不同的主体对同一事物会形成不同的观念。

不同的学科有着不同的知识体系和研究方法,从不同的学科视角出发,对同一事物同样会形成不同的学科观念。自远古时期以来,人类一直尝试从不同视角对发生在周围世界的令人困惑且有时具有威胁性的事件进行解释,以消除疑惑。例如,关于浩瀚宇宙中日月星辰等天体的运行,人类创作了很多关于星空的神话并对其加以解释。科学家从科学的视角孜孜不息地进行探索,德国天文学家开普勒根据前人的观测和研究,于1609年和1619年先后提出了太阳系行星运动的三大定律,回答了"天体是怎样运行的";1687年牛顿提出了万有引力定律,回答了"天体为什么会如此运行"。在长期不懈的科学探索的过程中,人们逐渐形成了相关的科学观念。物理观念是物理学家从物理科学视角提出的一种与我们的经验有清晰、逻辑的联系并且能进行客观检验的观念。物理观念总体而言是一种物理的自然观,是在物理知识基础上的提炼和升华。

物理知识是培养学生物理观念的载体,因此在信息迅速增长的信息时代,选择什么样的课程内容成为物理教育改革的重要议题。将物理观念界定为从物理学视角形成的关于物质、运动与相互作用、能量等的基本认识;是物理概念和规律在头脑中的提炼与升华;是从物理学视角解释自然现象和解决实际问题的基础,主要包括物质观念、运动与相互作用观念、能量观念等要素。

物理观念的学习目的是学习者能够用相关知识去解释自然现象和解决实际问题。例如,人们很早就能描述一些天体的运行规律、大海潮起潮落的规律等,但却不能从物理学视角解释其原因,直到万有引力定律出现后,人们才能从物理学视角解释天体运行及大海潮起潮落的规律。若学生学习了万有引力定律,能背公式、解答公理性的题目,但却不会用此定律解释大自然的相关现象,那么并不能认为他拥有物理观念。当学生能用学过的物理知识去解释身边的现象,去解决生活中的问题,便逐渐形成了物理观念,即具备了物理的自然观。

(二) 科学思维

"思维"(thinking)来源于拉丁语,意为"想知道"。思维的解释有三种:一是考虑,思量;二是指理性认识,或理性认识的过程,是人脑对客观事物能动的、间接的和概括的反映,思维的工具是语言,思维的形式是概念、判断、推理等,思维的方法是抽象、归纳、演绎、分析与综合等;三是与"存在"相对应,主要指意识、精神。科学思维主要引自思维的第二种意义,指人脑对科学信息的加工活动，其比日常的思维更具逻辑性、严谨性、系统性和客观性。

从物理学科视角而言，科学思维是对客观事物本质属性、内在规律及相互关系的认识方式；是基于经验事实建构物理模型的抽象概括过程；是分析综合、推理论证等方法在科学领域的具体运用；是基于事实证据和科学推理对不同观点和结论提出质疑和批判，进行检验和修正，进而提出创造性见解的能力与品格，主要包括模型建构、科学推理、科学论证、质疑创新等要素。

科学研究的对象往往是复杂的，如果同时考虑所有因素，将使问题解决变得异常困难，有的甚至无法求解。在事物发展过程中，尽管有多种复杂的因素同时存在，但在一定条件下，有的因素决定着该事物的根本特征或主要运动趋势，而其他因素只起到次要作用。

模型建构是在对客观事物进行抽象和概括的基础上，抓住其关键因素，构建能反映其本质特征的理想模型的科学抽象过程。模型能把客观事物的本质属性和基本关系以最纯粹的形式表示出来。因此，科学家借助模型认识自然，揭示自然中蕴藏的规律，进而进行预言或解释。在高中物理课程中，有不少与模型建构有关的内容，如质点、单摆、弹簧振子、点电荷等理想模型，匀变速直线运动、简谐运动等理想过程，皆属于物理学中建构的模型。学生学习这些内容的主要目的是学习物理学的研究方法，形成科学抽象思维。

科学推理是科学思维的重要体现，不仅包括逻辑上的归纳推理、演绎推理和类比推理，而且包括分析与综合、抽象与概括、比较与分类等思维方式，还包括控制变量、组合推理、概率推理、相关推理、因果推理等推理形式。

科学推理的核心是将理论与实证相结合，即一个科学家能够清晰地解释他所支持的理论，并知道哪些证据可支持它，哪些可反驳它，同时能对那些与理论不相符的实证进行解释，从而接受该理论而反对其他理论。而科学论证是以科学知识为依据，积极面对问题，对所获得的数据资料进行解释说明，提出自己的论点，反思自己和别人论点的不足并提出反论点，同时能反驳他人的质疑和批判的高级思维能力，是与科学推理关系密切的思维过程。质疑创新是科学思维的高级阶段，是批判性思维与创造性思维的体现。批判性思维与创造性思维是学生发展核心素养的重要成分。学生在面对新的情境或者具有挑战性的学习任务时，具有好奇心及开放性的态度，具有探索精神，能进行反思与质疑，敢于创新、勇于挑战，能提出新颖的、有价值的想法，并能付诸实践。

（三）科学探究

"探究"（inquiry）源自拉丁文，意为"探寻事物内部的规律"。科学探究是指基于观察和实验提出物理问题、形成猜想和假设、设计实验和制订方案、获取和处理信息、基于证据得出结论并做出解释，以及对科学探究过程和结果进行交流、评估、反思的能力，主要包括问题、证据、解释、交流等要素。

问题是科学探究的真正灵魂，科学和知识的增长永远始于问题。愈来愈深化的问题，愈来愈能启发新问题的问题。善于发现和提出问题是科学探究的前提，有研究价值的问题往往来自质疑。问题就是背景知识中固有的预期与其所提出的观察结果或某种假说等新发现之间的冲突。物理学史上这样的例子不胜枚举，如卢瑟福根据α粒子散射实验的结果，对汤姆孙的葡萄干原子模型提出了质疑，建立了原子的核式结构模型，对原子物理学的发展起到了重要的推动作用。卢瑟福善于把新发现的事实与原有认知之间的矛盾揭示出来，这就是质疑意识的体现。因此，增强学生的质疑意识，是提高学生发现和提出问题能力的重要途径。

科学探究首先是提出问题，形成猜想与假设，逐渐形成研究方案并获取证据，然后基于证据得到结论，最后对这一问题做出解释，在这一过程中还包括对科学探究过程和探究结果的交流、反思等。例如，有这样一个情境，重庆某长江大桥复线桥修建时，建筑工人需用钢缆将桥板从江水中提起，施工时采用了将桥梁板与水面成一定倾角出水的起吊方案。学生根据实际情境，结合已有的认知，可能会猜想到这样的方案主要考虑的是桥梁板对钢缆的拉力作用，不同方案中桥梁板对钢缆的作用力大小可能不同（猜想与假设）。某研究性学习小组设计了两个模拟实验：将钢板从水下水平拉出和以一定倾角拉出，探究在拉出的过程中总拉力的变化情况（研究方案）。学习小组根据实验数据得到了两条曲线（证据），从实验曲线可以明显看出水平拉出水面时桥梁板对钢缆的作用力最大值会大很多，而以一定倾角拉出水面时的作用力最大值要小很多（结论）。因此，施工时为避免钢缆受到过大的拉力作用而采用了将桥梁板与水面成一定倾角出水的起吊方案（解释）。但这个探究实验并没有结束，继而会生发出新的问题。这些问题将成为学生间相互交流的切入点（交流）。在相互交流中，学生会加深对实验设计及实验操作方法和分子动理论等物理内容的进一步理解。

由此可见，科学探究与我们生产生活中的实际情境密不可分，科学探究能力是学生应具备的关键能力之一。

（四）科学态度与责任

科学态度与责任是指在认识科学本质、认识科学—技术—社会—环境关系的基础上，逐渐形成的探索自然的内在动力，严谨认真、实事求是和持之以恒的科学态度，以及遵守道德规范、保护环境并推动可持续发展的责任感，主要包含三个要素：科学本质、科学态度、社会责任。

基于八种国际科学标准文献总结出对于科学本质的一致性看法：

（1）科学知识是多元的，具有暂时特征。

（2）科学知识在很大程度上依赖于观察、实验证据、理性的论据和怀疑，但又不完全依赖于这些东西。

（3）通向科学没有唯一的道路，因而没有一种普适的科学方法。

（4）科学是一种解释自然现象的尝试。

（5）在科学中，规律和理论起着不同的作用，因此学生应明白，即使有额外的证据，理论也并不会变成规律。

（6）来自一切文化背景的人都对科学做出了贡献。

（7）新的知识必须清楚地、公开地得到报道。

（8）科学家需要保存准确的记录，需要同行评议，需要可复现性。

（9）观察渗透理论。

（10）科学家要有创造性。

（11）科学史既揭示了科学的进化的特征，也揭示了科学的革命的特征。

（12）科学是社会和文化传统的一部分。

（13）科学和技术彼此影响。

（14）科学思想受到其社会和历史环境的影响。

可以看出，科学本质是科学本体论的问题，是对科学本身开展的全面的、哲学的认识。简言之，即如何看待"科学"。以时空观的发展为例，牛顿认为，绝对的时间自身在流逝着，因其本性而在均匀地、与任何外界无关地流逝着；绝对的空间，就其本性而言，是与外界任何事物无关的，永远是相同和不动的。时间和空间与物质及其运动无关，并且时间和空间是完全独立的。而爱因斯坦认为，绝对的时间和绝对的空间是不存在的，时间、空间与物质及其运动都有着密切的联系；同时，时间和空间之间也有着紧密的联系。由此便能看出，科学的结论是相对真理，科学本身是不断发展的。所以，在培养学生科学本质观时，要让学生用发展的眼光来看待科学、看待物理学。

科学与目前日益发展的社会关系紧密。一方面，科学服务于人类，整个社会的进步离不开科学，离不开作为科学基础学科的物理学的支持和发展；另一方面，物理学的技术应用也带来一些问题，如核能缓解了能源危机，但也正是由于核能的利用，使人类面临核危机、核泄漏、核战争的危险。因此，引导学生形成正确的科学态度、科学价值观，理解物理学的人文关怀与社会责任是极其必要的。

综上所述，物理观念代表知识的内化，是其他核心素养的基础，科学思维和科学探究是关键能力，科学态度与责任是必备品格，物理学科核心素养的四个方面是物理学科本质和教育功能的集中体现，它们之间不能相互割裂，而是相互联系、互相渗透的。

三、高中物理学科核心素养的培养方式

课程改革的综合素养教育目标，落实到各个学科上，就是以与学科教育特质相对应的学科核心素养培养。就高中物理来说，其核心素养培养目标主要包括四个大的方向——物理观念、科学探究、科学思维、科学态度与责任。这四个核心素养，培养方法及难易程度有差异。其中，物理观念培养相对较易落实，主要是围绕教材中的内容组织学生掌握好物理知识，通常在这个过程中，物理观念即可形成。而探究能力、思维能力、态度与责任方面，因为教材学习内容上没有明显的着力点，其形成的规律也与知识掌握有区别，因而，就需要教师根据核心素养培养目标的规律、特征，进行内容和策略上的创新。

（一）必以学为本

知识教育与素养培养在规律上有很大区别。就知识来说，虽然反对灌输，但其实是可以用这种方法来完成任务的。比如"质点"这个概念，教师只需要直接告诉学生"质点是为了便于解决和研究物体，而忽视物体大小和形状，对物体进行的模型化……"学生就能完成这个知识点的认知。但素养不能通过直接讲授来完成。比如继续"质点"这个话题，教师提出"同一个物体，由于所要研究的问题不同，有时可以看成质点，有时不能看成质点。如足球运动员踢出一个'香蕉球'，想研究两个问题：第一，球的运行轨迹；第二，足球走出弧线的原理是什么。回答这两个问题，是否都可以把足球视为一个质点？"当教师不进行解释，而是让学生回答时，就需要用到探究能力——显然，学生是否具有这个能力，并不是教师一句"你们要学会独立思考"就可以实现的。素养的生成发展类似于体育锻炼：教师直接向学生灌输知识，等于提供营养餐，吃得多就长得胖。但这不能使学生长出健美而有力的肌肉。运动能力和健美的肌肉，必须学生亲自锻炼。素养，就相当于运动能力和健美肌肉。那么，很明显，想要实现素养教育目标，教师必须改变直接传授灌输知识的策略，而想办法为学生提供参与学习过程的平台，调动参与性。这就是以"教"为中心的教学向以"学"为中心的教学的转变。

（二）驱动自主学

自主探究意识本身就是科学探究素养中的一个重要组成部分，核心素养培养的基本思路就是让学生主体参与学习过程。那么，在弱化了教师监督管理的情况下，给学生建立一个自源性的学习驱动力，就成为素养培养的基础条件。高中生比起初中、小学生，其学习自律性要强得多。但是，这并不意味着已经不再需要教师去关注驱动问题。高中生在高考和发展压力下，其自觉学习的动机较强，但在自主学习过程中，很容易受情绪影响。如果其对所要学习的知识不感兴趣，那

么，虽然在学，但思维活跃度不高，即学习过程中"不兴奋"。而自主学习质效的保证，对学生思维状态的依赖性很高。所以，为了保证学生独立性，参与学习时不仅有学的形，而且有学的质效，教师还是需要想办法去调动、激发其学习热情，使之兴奋起来、投入进去。比如，在让学生学习打点计时器的原理和操作时，因为比较简单，基本一听即会，学生的兴奋度就比较低。这时，教师可以将学生分成几个小组，设置几个有趣的"课题"：用手扯动纸带，打出几种特定规律的点阵。如纸带上的点由密到疏渐次排列；点由疏到密排列；点由疏到密再到疏。鼓励各组创新，用打点计时器打出有规律的点阵图。最后，各组展示"作品"，学生互评。将比赛和创新两个元素加入学习过程，学生就会很投入地去研究打点计时器。这不仅能够培养其探究和思维能力，也为后面用打点计时器研究速度、加速度等运动知识打下了良好基础。

（三）应用情境法

情境教学法在当下比较"流行"——这主要是得益于我国信息技术和经济的发展。信息技术工具在教学中得到普及的情况下，教师构建学情境的条件比较充分，且易于操作。我们之所以强调要在培养学生核心素养的过程中使用情境法，主要是基于两个方面的考量。

第一，高中学生虽然说智力水平基本上与成年人没有太大差异，但他们在知识面，特别是生活实践经验上，还存在着明显的不足。这往往会使其在独立探究知识的过程中出现思维空间狭窄、思路不清的问题，十分影响其探究的质量和效率。换言之，在进行物理知识的抽象思考时，由于缺少经验性支撑，而遇到思维上的困难。所以，使用情境法的好处之一，就是弥补高中学生经验、知识面等方面的欠缺。比如，让学生思考足球运动员踢出"香蕉球"，在研究两个不同问题时，应视为质点，还是不应视为质点，就遇到了问题：高中生喜欢篮球运动的比例高于喜欢足球运动的，而且，女生日常关注足球的则更少，大多并不知道什么是"香蕉球"，所以，教师从足球比赛录像中截取与"香蕉球"有关的镜头，剪辑成一个精彩短片播放给学生看，有了这个情境支撑，学生们就可以展开探究了。

第二，培养学生的科学态度和责任意识。高中学生还没有真正参与社会生活、生产实践，那么，其社会责任感、理性应用物理的态度就很难真正形成。所以，采用情境法来组织对学生科学态度和责任素养的引导，因情境的直观感性和生动有趣，可以避免直接宣教，使学生更愿意接纳，而且情境直接向学生展示社会生活情态，易于其理解和认同。比如，在学习"摩擦力"的时候，结合所学的"加速度"知识，向学生播放了一组因超速违章而发生交通事故的短片，结合短片，向学生提问，"视频中出现了几辆所谓的'豪车'，性能很好。从起步到百公里时速,'加速度'很大。但显然,当遇到险情时踩刹车,利用摩擦力产生的加速度不足以避免事故。因而,我们会根据科学原理要求车辆在不同路段保持规定时速。那么,你会因限速为这些花大价钱买了性能强劲豪车的人鸣不平吗?"用这个"血"的情境,引导学生建立正确的社会责任意识,效果要比直接讲"大道理"要好得多。

(四) 生活实践化

所谓的生活实践化,就是教师在组织学生学习时,不仅是围绕着课本上的理论,也不局限于实验室中的标准器材实验,而是将所学习的内容、方式与学生的生活结合起来,并组织学生适当参与实践活动。这种教学策略,其实可以视为情境教学法的一种延伸。同样是为了解决学生在自主探究学习时缺少感性材料支撑的问题。此外,因为实践能力也是物理核心素养培养的一个重要目标(这个素养与探究能力、社会责任两个素养有交集)——而要有效培养学生产生用物理知识服务于生活实践的意识、发展实践能力,最好的方式和内容,就是结合生活实践。

比如,在带领学生研究物体曲线运动的方向时,让学生用钢球和弯管做实验,并结合生活提出一个问题,"河流俯视图中,可以看到这条河流在某个景点处是一个急弯。某年夏季,这个河流的水位超出了警戒线,特别是急弯处有一个河堤低点。当年就因此处险情出现了游客伤亡事故。其中一个原因,就是工作人员组织人员疏散的方向有问题。那么,根据这张图,如果你是工作人员,在发现险情后会引导河边的游客往什么方向避险?"引导学生利用实验结论(质点某点的速度方向沿曲线在这一点的切线方向)去思考解决实践问题。这既能培养学生的思维能力、探究能力,又能培养其责任意识并完成物理知识的实践迁移。

(五) 重视拓展性

教材中的知识通常比较简明,通过实验和抽象推理,可以起到训练学生探究能力、思维能力的作用,但是也因为简明,基本上探究的难度都不太高,训练学生探究能力、思维能力的强度往往显得过于单薄。过于局限于教材中的内容,会使学生的知识视野、思维视野及社会"阅历"的发展受到制约。特别是,需要培养学生的创新思维、发散思维的时候。所以,如果不仅是为了学生掌握知识,而是想培养其核心素养发展,教师应注意在学习内容上要跳出教材,适度拓展。

比如,让学生做钢球曲线运动轨迹观察实验,在学生用磁铁验证了"物体受到一个与它速度方向不在同一直线上的力的时候,出现曲线运动"后,可以借助多媒体向学生展示几个场景:一名狙击手射击远距离目标前调整准星标尺;一名飞镖运动员向目标斜上投出飞镖;卫星环绕地球飞行……让学生思考回答,"子弹、飞镖、卫星等都在做曲线运动,显然,它们产生曲线运动的外力都不是来自磁石。那么有多少种外力可以改变物体运动轨迹？"这个问题带领学生跳出了实验狭小的思维空间，引导学生结合经验展开联想进行创新性探究思考。不仅深度训练了其思维和探究能力，而且还为后面学习力的分解、合成打下了基础。

培养学生的核心素养发展，是当下高中物理教学的核心任务。根据物理核心素养的目标内容以及素养构建的规律，要想有效培养学生的核心素养发展，教师需要注意把握的内容包括：一是以学生的学为主体，强调过程性学习；二是注意自主学习驱动的建立；三是采用情境法、生活实践法以助力学生有效学习；四是重视拓展以打开学习空间实现素养培养的深化。

四、高中物理学科核心素养的培养建议

21世纪初的基础教育课程改革将我国基础教育的课程目标从原来的"双基"调整为"三维目标"，新课标将"三维目标"提升为"核心素养"，物理学科随即提出了物理学科核心素养。课堂教学是落实学科核心素养培养的主阵地，因此，对学生的物理学科核心素养的培养也必须扎根于物理课堂教学中。

（一）深入分析课程内容，做好教学设计

课程内容是课堂教学的承载，也是核心素养落实的主要载体。依据物理课程标准所编制的教科书必然反映了标准中的核心素养要求。因而，首先要依据教科书中的相关要求分析这一内容中所能体现的核心素养要素。例如，某版本教科书在每章都提出了"本章学业要求"，这主要是依据新课标中的物理学科核心素养、课程内容、学业质量水平，并综合考虑本章教材内容，通过内化后提出的，是学生学习本章内容后应形成的学习结果，是对学生的物理学科核心素养在不同维度上相关表现的描述。

当然在将物理内容与学科核心素养建立联系时，不是每个内容都与物理学科核心素养的四个维度及其要素严格对应，而是有一定灵活性及侧重性，而且这需要一个长期的循序渐进的过程。有了这样的引导，教师在教学中会更清楚学生应学习什么内容、为什么学习这些内容，能更好地领悟物理内容与物理学科核心素养、学业质量要求的关联。

在针对每一节、每一段具体的教学内容时，皆应从培养学生学科核心素养的角度思考。例如，在进入牛顿第一定律学习前，教科书从日常生活和物理学史两个视角引出学生朴素的运动观："力是维持物体运动的原因"。接着通过伽利略的理想实验反驳了这一观点，并进一步引出相对科学的运动观："力是改变物体运动状态的原因"，继而通过实验等引出牛顿第一定律。学习这段内容与培养学生的物理学科核心素养有什么联系？通过"素养提升"栏目以画龙点睛的方式对所学内

容的内在价值进行了提炼,侧重从科学思维和科学态度与责任两个维度再次强调了此段内容的教育功能。

(二)物理学科核心素养的渗透

物理学科核心素养教学的提升应渗透于教学的各个环节及具体操作中,例如,教师拿出鸡蛋,告诉学生本节内容与这枚鸡蛋有关,在他讲的过程中"不小心"让鸡蛋掉下去了。根据生活常识,学生认为鸡蛋破了。接着教师捡起鸡蛋,大家发现其没有破。为何鸡蛋没破?为何与日常经验不一样?然后,教师再弯腰捡起讲台后的软垫,告诉大家因为有它,所以鸡蛋没破。

首先有一定悬念从而使学生产生认知冲突,有利于引导学生走进课堂。另外,避免控制变量的问题,突出软垫的缓冲作用,为学生学习动量定理做出铺垫。其次,从资源保护角度看,鸡蛋没有破,还可继续发挥作用,这样的设计能更好培养学生的科学态度与责任意识。

总体来看,教学方式的调整不能停留于形式,不是某种讲解或活动或应用的堆积。真正意义的课堂变革,应定位于如何有效培养学生的核心素养,如何充分体现课程的核心价值,应站在学生发展、民族兴旺、全人类文明进步的高度,应以"润物细无声"的方式有内涵、有设计地循序渐进地进行,让学生形成物理自然观,认识自然、理解自然;具有科学思维特质,懂得推理、善于论证、勇于创新;成为科技探索者,善于发现、有效解决问题;能实事求是、追求真理,有更好地为社会发展和人类进步做出努力的境界与负责任的襟怀。

第三节 高中物理基础知识与课程结构

一、课程的基础知识

(一)新课程的主要理念

(1)以提升学生的科学素养为教学核心目标,并在此基础上进行课程设置,使高中物理课程体现义务教育的教学成果。由此可知,高中物理新课程的首要任务就是提升学生的科学素养,虽然高中教育不再是义务教育,但它应归属于基础教育的范畴,所以,要将提高学生的科学素养作为开设高中物理课程的重要使命。高中物理课程的设计,应主要从三个方面着手:方法与过程、知识与技能、价值观与情感态度,从而为学生以后的物理学习打下坚实的基础。

(2)在设计课程时,应强化基础性内容。高中物理课程作为一门基础教育课程,适用于全体高中生的需求,因此要将其确定为基础必修课。但高中物理课程也有自身的独特性，它不属于义务教育的科学或物理课程，除了满足具有普适性的条件外，还要考虑到学生的潜能、兴趣，对未来发展的需求等，为学生创造出更多的空间，从而塑造个性能力强、敢于自主发展的学生，而且也在一定程度上让他们尽早做出人生规划。

（3）内容选择上要具有选择性、基础性、时代性。应突出时代特征，如：科技进步、社会发展等显著因素，尤其在内容的选择上，要及时反映出时代进步所带来的新变化，例如：可持续发展、节能环保等热点问题。除此之外，还要突出基础性课程内容，挑选对学生今后学习和工作都有用处的基础技能和知识，有利于培养学生的思维能力，塑造学生的科学精神。因此，要从课程结构与课程内容两方面，体现课程的选择性。

（4）采取多样化的教学策略，从教学方式上培养学生的自主学习意识。在义务教育阶段，教师要对所有学科进行把关，要多干预，帮助和指导学生顺利完成课业。但在高中时期，教师要给学生更多自主空间，教师从教学的主体地位，变成教学活动的辅助者，给予学生独立完成科学探究的机会和空间，并进行适当引导，以培养学生独立解决问题、自主学习、自主探究的能力。在课堂教学中，教师要避免单一的灌输式教学模式，应采取多样化的教学方法，创新教学模式，提高学生的课堂参与度，激励学生踊跃发言，从而提高教学质量。

（5）教师要采取鼓励性、激励性的课程评价方式，使学生全面、健康地发展。在课程评价时，教师要从多角度对学生进行综合性评价，而不是仅依据学生掌握技能和知识的情况来进行评价。教师要将学生的学习方法、探究过程、价值观和情感态度等方面因素，共同纳入评价机制中，采取多样化的评价方式，最大限度地发挥教师的创新性才能[1]。

（二）新课程改革的主要目标

新课程改革的总体目标是调整和改革陈旧的、落后的课程体系、结构、内容，构建符合素质教育所要求的新的基础教育课程，促进每一个学生的全面发展，造就合格公民，其具体要求如下：

（1）知识与技能方面，应学习终身发展必备的物理基础知识和技能，了解这些知识与技能在生活、生产中的应用，关注科学技术的现状及发展趋势。

（2）科学探究能力和思维方式方面，应学习科学探究方法，发展自主学习能力，养成良好的思维习惯，能运用物理知识和科学探究方法解决一些问题。

（3）情感态度与价值观方面，应注意发展好奇心与求知欲，发展科学探索兴

---

[1] 黄宏梅.高中物理教学中的科学本质教育[J].物理教师，2006，27（6）：1-3.

趣，有坚持真理、勇于创新、实事求是的科学态度与科学精神，有振兴中华，将科学服务于人类的社会责任感。

（4）科学、技术、社会方面，应在落实知识与技能、过程与方法的同时，让学生了解科学与技术、经济和社会的互动作用，认识人与自然、社会的关系，有可持续发展意识和全球观念。

二、现代社会与学生对物理课程的认知

物理课程是学校课程的重要组成部分，对学生的终身发展有着重要影响，所以物理课程的改革必须适应时代发展的需要，促进学生综合素质的提高。现代社会与学生对物理课程的认识有以下五个方面：

（1）物理课程要不拘泥于书本理论，要引导学生从书本学习向实际生活、自然世界、社会中探索，从而让学生明白物理课程的意义，利用科学文明，开展一系列的探索活动，培养学生的创新精神，让他们感受物理世界的丰富多彩，从而实现人文世界与科学世界互通的目的。

（2）要整合学科资源，打破各学科的壁垒，强化综合学习。要优化知识体系，适应科技发展、社会进步对人才的需求，新的知识板块和学科群相继出现，高中物理要向重组、综合的方向发展。有针对性地选择课程内容，强化重点知识，删除繁复冗杂的次要知识，紧密结合社会发展，赋予物理课程新的内涵。注重学生的实践能力，为学生创造运用物理技能和知识的机会。

（3）要注重教育的均衡性，提升学生的能力水平。物理教学的意义在于提升人的科学素养，比如，实验能力、观察能力、判断和构思能力、应变能力、适应能力、科学研究能力、表达能力、团队合作能力，以及获取、传递、处理信息能力等。

（4）物理教学应侧重实践，大部分课程要围绕实验和观察进行，教师要鼓励学生参与实验，应注重实验过程而非实验结果。高中物理课程要加大实验内容所占的比重，为学生提供更多的实验机会，培养学生的动手能力，尊重学生的主体地位，让学生独立完成科学活动。

（5）物理课程应紧密围绕科学探究的主题。教师可以在课程中适当指导学生完成科学探究，让他们独立、自主地进行探究，从而获得知识，总结规律，学习概念。在此过程中，学生不仅强化了对科学知识的记忆，而且培养了科学探索的兴趣和能力。因此，开展科学探究活动，对物理课程有着十分重要的意义，更能让学生感受科学工作的魅力，培养科学精神和科学素养。例如，科学工作者探究的问题是在其研究领域内的已有研究成果和科学经验之上的新领域，而学生探究的问题主要来自学习的内容和对日常生活中物理现象的观察中发现的问题。科学

探究应包括多方面的活动，如观察、提出问题、预测、制订计划、调查、文献查询、应用物理实验和工具搜集、分析和解释数据、做出评估和解释、结果交流等，所有这些活动都可以根据教与学的需要综合或有选择性地应用，让学生感受、理解知识的产生和发展过程，让学生在观察、实验、推理等过程中进行探究式学习。在学习过程中，学生要能描述物理现象和事件，能提出有意义的问题，能运用现有科学知识做出解释，并能把自己的解释和意思传达给别人。

第二章 核心素养背景下高中物理教学设计

在核心素养背景下,高中物理教学需要适应学生的个性化、多样化学习发展。本章从教学设计与高中物理教学设计、激发学习兴趣的情境教学设计、培养创新能力的物理实验教学及其问题设计、信息技术与高中物理课程教学的整合、夯实基础的教学内容设计、紧密关联核心素养的教学步骤设计、新课改背景下高中物理教学设计与思考七个方面展开讨论。

第一节 教学设计与高中物理教学设计

一、教学设计

(一)国内外对教学设计的定义

目前,对教学设计没有一个完全统一的说法,不同专家从各自的研究视角给出了不同的定义。

1. 国外对教学设计的定义

教学设计是一个系统化规划教学系统的过程,教学系统本身是对资源和程序做出有利于学习的安排,任何组织机构,如果其目的旨在开发人的才能均可以被包括在教学系统中。教学系统设计是运用系统方法分析研究教学过程中相互联系的各部分的问题和需求,确立解决它们的方法步骤,然后评价教学成果的系统计划过程。教学是一门科学,而教学设计是建立在教学科学这一坚实基础上的技术,因而教学设计也可以被认为是科学型的技术,教学的目的是使学生获得知识技能,教学设计的目的是创设和开发促进学生掌握这些知识技能的学习经验和学习环境。教学设计是指运用系统方法,将学习理论与教学理论的原理转换成对教学资料、教学活动、信息资源和评价的具体计划的系统化过程。教学设计是设计科学大家庭的一员，设计科学各成员的共同特征是用科学原理及应用来满足人的需求。因此，教学设计是对学业业绩问题的解决措施进行策划的过程[1]。

2. 国内对教学设计的定义

教学设计是运用系统方法分析教学问题和确定教学目标。建立解决教学问题的策略方案、试行解决方案、评价试行结果和对方案进行修改的过程。运用系统方法，将学习理论与教学理论等原理转换成对教学目标、内容、方法、策略、评价等环节进行具体计划、创设教与学的系统"过程"或"程序"。教学设计是一个系统设计并实现学习目标的过程，它遵循学习效果最优的原则，是课件开发质量高低的关键所在。

总之，尽管国内外学者对教学设计给出了多个不同定义，但它们都有一个共识，都认为教学设计是以促进学习者的学习和解决教学问题为目的，以对教学活动的各个方面进行系统规划为任务并最终形成的教学方案。以教学理论、学习理论、系统理论和传播理论为基础，采用系统方法探究教学需求，提出解决教学问题的方法，形成教学方案，并对其教学效果做出评价和操作程序，优化教学过程，提高实验教学质量。

（二）教学设计的基本特征

（1）教学理论、学习理论、系统理论和传播理论是教学设计的理论基础。其中，教学设计的核心是教学理论，教学设计的形式分别表现为系统理论和传播理论。

（2）教学设计是解决教学问题的科学方法，也是操作和规划教学活动的程序和过程。

（3）反馈评价是教学设计成效的评价标准，同时教学设计需要具备良好的理论和实践基础。

教学设计是指教师对本学期本门课程中具体的教学单元或知识点，一般就是一堂课的教学设计。

（三）教学设计的基本内容

（1）教学目标设计，要求分析教学需求，确定教学目标。教学目标设计是教学设计的核心，主要包括分析和设计学习背景、需求和任务等。

（2）教学策略设计，要求在进行教学设计时，需从整体把握教学策略，运用

---

[1] 艾静，熊建文. 基于核心素养的物理课堂教学诊断性评价体系构建[J]. 物理教师，2017，38（6）：2-5.

多种教学策略,结合学生实际情况,创造性地设计出具有一定特色,符合教学规律的教学策略。

(3)教学评价设计,要求采用四种模式来评价教学效果,即决策性评价、研究型评价、价值性评价和系统性评价。

(四)教学设计的理论基础

1. 系统理论

系统理论是一种科学的方法论,其对教学设计有着举足轻重的影响。系统理论认为系统是由若干相互作用和相互依赖的组成部分结合而成的具有特定功能的有机整体。一切事物、现象和过程都可以看作系统。在系统理论指导下,教学设计把教育、教学本身作为整体系统来考察,对其进行设计、实施和评价,使之成为具有最优功能的教学系统。教学设计通常以学习需要开始,之后对学习者、学习内容及各种教学策略进行分析,通过系统的策略优化技术确定教学策略并实施,同时完成形成性评价和总结性评价,力图使教学设计后的教学系统满足学习者的需要,促进其发展。

2. 传播理论

信息传播是以信息源、信息内容、信息渠道以及信息接收者为组成部分的系统。进行信息传播时,需要对信息进行编码。同时还要注意三个问题:①信息的结构和顺序必须与信息接收者的思维与心理顺序一致;②信息不能过于密集;③由于不同信息的注意获得特性不同,必须考虑信息接收者的特性,如年龄、性别、偏好等。因此,在教学设计中要最大限度地运用多种渠道和方式展示知识,有效地调动学生运用多种器官接收信息,以达到最佳的教学效果。

3. 学习理论

简单地讲,教学设计就是通过适当的方法、技术和工具帮助学习者获得知识和能力的提升。教学设计者考虑最多的是如何发展学习者未来的能力和倾向。而对教学设计的过程和决策影响较大的学习理论体系是行为主义学习理论、认知学习理论和人本主义学习理论。

第一,行为主义学习理论。行为主义学习理论把学习分为两类:应答性学习和操作性学习。应答性学习是指完全由刺激引起的学习,具有明显的S—R(刺激—反应)形式,其依据是人的生理结构;操作性学习强调有机体对环境的主动作用,即人的主观能动性。但在人与环境二者的关系方面,行为主义认为,环境是主动的,人是被动的,环境主动地作用于人而产生人的全部行为。因此,只要了解和控制环境便能预测和控制行为。而人的意识、心理活动就是行为,是需要预测和控制的对象。行为主义观点在教学设计中的应用主要是将可观察的行为作为教学基础，提出可以用一些行为动词来界定各类教学目标，并据此进行教学传递与评价。

第二，认知学习理论。认知学习理论探讨的是学习者内部的认知活动，其主要分为信息加工学习理论和认知建构学习理论。信息加工学习理论将学习过程看作人脑对一系列信息加工转换的过程。较有影响的是加涅的信息加工的学习与记忆的八阶段模型。认知建构学习理论认为认识是主体转变为客体过程中形成的结构性动作和活动，其目的是取得主体对环境的适应，达到二者之间的平衡。主体通过动作对客体适应同时又推动认识的发展。该理论强调主体的能动作用以及新知识与已有知识结构相联系的过程，认为只有学习者把外来刺激同化进原有的认知结构中，人类学习才会发生。认知建构学习理论对教学设计的指导意义在于建构过程就是要引导学生发现新知识与原有知识结构间的不协调，然后主动去改变它。

第三，人本主义学习理论。人本主义学习理论以完整的人为研究对象，关注个人的情感、知觉、意图和信念，认为只有学习内容对学生个人有意义，学习才会发生。该理论强调情感和环境的作用。其对教学设计的意义一般是在观念上，诸如如何发挥人的潜能问题等。

第四，教学理论。教学理论是教学设计的基础理论。其研究对象为教学的普遍规律，研究范围包括教学目的、教学内容、教学过程、教学原则、教学方法以及教学评价。现代教学理论主要有两种，哲学取向的教学理论和心理学取向的教学理论。哲学取向的教学理论也被称为"教学论"。它坚持哲学思辨，主要关注教学目的和内容，注重教学理论建设。该理论的伦理学基础是马克思列宁主义关于人的全面发展的学说；认识论基础是辩证认识论。其基本主张有：①知识—道德本位的目的观；②知识授受的教学过程；③科目本位的教学内容；④语言呈现为主的教学方法。心理学取向的教学理论则以学习心理学为基础，探讨教学的途径、手段和方法。

（五）现代教学设计的基本理论

1. "九五矩阵"教学系统设计理论

"九五矩阵"教学系统设计理论其核心思想是"为学习设计教学"，学习过程由许多有顺序的阶段组成，所以教学过程也对应相应多个阶段，由此，加涅将学习的内部心理加工过程九个阶段演绎出九段教学事件，而"五"是指五种类型学习结果。学习条件决定了学习结果，使得每一种教学事件有不同的要求。

2. 精细加工理论——细化理论

细化理论主要包括：一个目标、两个过程、四个环节和七种策略。一个目标是指按照认知学习理论，实现最合理有效的组织教学内容；两个过程包括概要设计与细化等级设计；四个环节分别对应选择、定序、综合、总结；七种策略依次分别为确定课程内容细化顺序、确定每一堂课内容顺序、确定总结的内容和方式、用综合方式确定综合内容、建立新旧知识之间的联系、激发学习者学习动机与认知策略、实现学习者学习过程的自我控制。

3. 成分显示理论

成分显示理论是指对知识的描述性理论，即知识由行为水平和内容类型构成二维分类，其中记忆、运用和发现构成行为维度，事实、概念、过程和原理构成内容维度。将行为维度与内容维度结合可以组合出十二种教学活动成分，其中去除"运用事实"和"发现事实"两种成分，最后剩下十种不同类型的教学活动成分。

4. 教学系统设计理论

教学系统设计理论强调认知学习理论对教学内容组织的重要影响。该理论实现了行为主义与认知主义的有机结合，充分地展现了"联结—认知"学习理论的基本思想。该理论将学习者的特点、教学目标、教学资源和策略、教学评价和修改等4个基本问题具体划分为3个阶段。分析学习环境、学习者、学习任务，制定初步的设计栏目是第一阶段；确定组织策略、传送策略、管理策略和设计出教学过程是第二阶段；进行形成性评价，并对设计的教学活动方案予以修正构成第三阶段。该模型明确提出教学组织策略、教学内容传递策略、教学资源管理策略三类教学策略，强调教学组织策略是教学设计的重点，指出学习者已有的认知结构是设计教学内容的基础。

二、高中物理教学设计

近年来，我国的高中物理教学方法不断改革创新，很多的教学方法被运用在教学中，教学设计这种较为系统的物理教学方法，在不断地运用过程中逐渐表现出良好的作用。

在高中物理教学中，应该对物理实验引起相应的重视，并在实际教学中，更加注意教学观念的转变。通过将物理实验教学的观点进行转变，逐渐实现高质量的教学。由于新观念在高中物理教学中的运用，以及保障实验课程的安排，作为教师，要摆脱陈旧观念的影响，以学生为主体，并以此发展高中物理的多方面多角度的思维方式，增强物理实验教学，并让学生参与其中。只有不断地提升高中物理教学的多方面要求，才能保证高中物理教学符合社会经济发展和人们的需要。

（一）高中物理教学设计要点

1. 开放式设计策略，以理解为基础

高中物理教学中的设计教学方式并不是传统的教学方式。设计教学主要是针对学生之间的个体差异，通过对不同学生的不同学习情况分析，结合实际的教学要求，进行的不同的物理教学设计。一般来说，这种方式更加注重学生的自身特征，并根据高中的知识教学体系，进行相应的变化，最终实现高中物理的教学设计。在进行教学设计的时候，需要从基础做起，并针对不同的策略进行开放式的设计，最终实现教学的根本目标。

2. 结构式设计方式，知识架构为重点

对于高中物理来说，需要学习的知识是很多的，而且需要根据高中的物理要求不断地构建相应的知识理论体系。在进行高中物理教学设计的时候，需要将知识的框架进行总结性的设计，并对结构中相关知识进行全面的分析和总结，让学生在学习的时候，不断掌握各个知识点，并最终形成高中物理知识框架的自我构建。对于高中教学中的物理实验，也应该引起相应的重视，通过实际的实验，加深学生的认识，并将物理和生活联系起来，提高学生对物理本质的掌握，全面提高学生的学习动力。

3. 探究式设计方法，学法分析为关键

对于高中物理的学习，不能仅仅局限于书本和练习题，应该通过高中物理培养学生自身分析物理的能力。通过设计高中物理教学，教会学生学习物理的方法，并通过对相关理论的学习，提升学生对物理的兴趣。想要实现这种方式，就要在高中物理教学设计中，融入物理分析的内容，并将目光从传统的知识点教学中移开，真正实现教学设计的高目标。通过学生对相关物理情况的分析，实现学生的自主思维，并提升自身的物理分析能力。所以在进行课堂教学设计的时候，要对其中的问题多进行思考，并以试验带动理论学习，教师在教学中应该多指导，多引导，进而实现学生的自主学习，提升学生对物理的整体思维能力。

（二）对高中物理教学设计的思考与建议

1. 演示实验课课有，学生实验细细做

在对高中物理进行教学设计的时候，首先要秉承的就是实验优先的思想。虽然我国属于应试教育，但随着课程的不断改革，高校和教育部都认识到了高中物理需要以实验为基础，并全面提高各方面的实验水平。高中物理教学中的物理实验远远没有达到要求，而且学生进行的实验有很多的问题，其中最主要的就是知识体系与实验之间没有绝对的联系。另外高中物理知识体系相对来说比较抽象，如果不以实验为基础，就会导致学生对其中的物理现象等无法理解。

2. 教学内容形象化，教学手段多样化

高中物理教学不但要传授相应的知识，还要传授相应的方法，所以在教学的时候，需要将教学内容形象化，并将抽象的高中物理知识具体化。想要达到这种目标，需要借助一定的工具，通过工具将这种抽象的知识具体化，物理实验就是最有用的方法之一。与此同时还可以将物理知识与平常的生活现象联系在一起，进而实现物理知识的形象化。在物理教学的时候，也可以运用多样化的教学手段，比如，网络技术等。

3. 学生情况多了解，因材施教效果好

由于高中的学生之间存在个体差异，所以在进行高中物理设计教学的时候，应该注意学生之间的个体差异。学习好的学生自然理解能力较强，不能针对学习好或者是学习较差的学生制定"一刀切"的教学方案。应该从全体出发，注重学生之间的个体差异，并针对学生的不同情况，进行合适的调整。对不同能力的学生，可以制定不同的教学目标。

我国的应试教育模式需要进行深入的改革，高中物理教学属于难度很大的教学学科。在对高中物理教学进行设计的时候，需要根据每个学生的不同考虑个体之间的差异，并提升设计的全面性，真正做到高中物理教学设计无死角，为全面提升高中物理教学的水平提供帮助。

第二节 激发学习兴趣的情境教学设计

一、情境教学的内涵

情境教学法是教师在进行教学过程中有目的性地借用或创设具有一定情绪色彩或者以形象为主体的具体且生动的学习环境，引起学生一定的态度体验、行为体验来帮助学生主动理解教材，促进知识意义建构的过程。它是一种提高学习效率的教学方法或者说是一种将情感与认知相结合的教学模式。

（一）情境教学的特点

情境教学遵循青少年生活逻辑，以学生的现实生活为主要源泉，让课堂更生动、更有趣。以学生为主体、由教师主导来营造良好的课堂教学情境，促进学生的情绪调节向正向发展，注重学生的体验。情境教学的特点主要有以下四点：

（1）形真。形真就是情真，要求形象具有真实的感觉，用比较鲜明的形象来使学生感知教材的亲近感，情境教学中的"形真"是以简化的形体或暗示的手法来得到与实体在结构上对应的形象，而不是对事物的一种没有感情的实体复制。

(2) 情切。情切即情深意切，教学过程中结合教学语言、情感、教学内容、课堂气氛形成心理场，调动学生的情感主动地参与课堂认知活动。以形象的、生动的场景激发学生的学习兴趣，情感不仅仅作为手段，还将作为教学本身的任务。

(3) 意远。意远指的是意境广远，情境教学讲究"情绪"和"意象"，情境有深度与广度。生活情景作为一个整体给学生的眼前造成"直接的印象"，教师可以借助于学生的想象活动把教材内容与生活情境相联系。

(4) 理寓其中。理寓其中是抽象伴随着形象，有效提高认识力，教师在物理教学中给学生创造乐于参加，积极学习的各种外部环境，学生在环境中获得知识[①]。

（二）情境教学的课堂特征

(1) 学习者中心。情境教学以学生对学习课程的水平组织和垂直结构为线索，设置预定的计划情境，在教学过程中以学生为主体，由学生和教师共同设置课程情境。教学的情境、情境的目的、情境的任务不是强加硬塞的，一切的活动以学生的需要和兴趣作为基础。

(2) 情境中心。在教学过程中创设具体的、能够激发学生自主学习的情境，情境为中心的教学通过多媒体或者实际的场景来创设学生身临其境的教学模式。情境为中心的课堂教学可以通过多媒体或者角色扮演等多种手段进行室内情境设计，也可以在课堂外现场中进行实物教学。教师在整个学习过程中起着引导而不是指导的作用，调动教学领域的积极气氛，引导学生畅所欲言，学生在观察发现的过程中完成学习。

(3) 问题中心。以问题为中心，按照学生的认知规律设计问题，由浅入深，设置梯度问题，按照启发式原则设计问题，逐层激发学生的思维。

（三）情境教学的类型

根据刺激物对感官或思维活动所引起的不同作用，情境教学分为实体情境、模拟情境、语表情境、想象情境及推理情境。

(1) 实体情境。实体情境是以物体原型为主的情境。学生在自然或日常生活中观察实物或者在教学课堂上展现实物，如弹簧测力计、牛顿管、变压器、电流表、杠杆、电容器、天平等具体实物都是实体情境。实体情境让学生真正看到、感受到物体，学生观察能力可以在实体情境下得到培养。

(2) 模拟情境。模拟是基于与实体的相似，实体情境有其独特的优越性，但也有其局限性，对于大型机械而言，在课堂上必然无法展示实体。不必要所有的

---

① 张惠作.高中物理教学内容的认知化处理策略[J].教学与管理（中学版），2015（9）：66-68.

东西都以实体的形式出现。模拟与实体相似,模拟情境也比较常用,比如,图画、角色扮演都属于模拟情境,学生可以通过模拟形象把自己的知识和经验与现实联系起来,通过联想和情境想象使情境更加逼真。由于模拟情境简单易行,一条导线我们画一条直线就可以表示出来,因此在情境教学中模拟情境比较常用。

(3)语表情境。语表情境用语言来表达一定的情境,通过语调、语音等感性色彩来激发学生的情感,学生在情感的驱动下主动想去体验情境。语表情境不再像实体情境那样具体,学生进入高中阶段,形象思维逐渐过渡到逻辑思维,提高学生的逻辑思维能力可以通过增加物理教学中的语表情境来实现。

(4)推理情境。推理情境就是从情境中推理出事物的本质,要经历从具体到抽象,从个体到一般的推理过程。虽然高中生的思维主要是逻辑思维,但有些学生在分析、判断和推理过程中仍然需要形象的辅助。推理的主要特征是证明或思维推理。将学生自然状态下的合理推理提高到更合理、更科学的水平,提高学生解决综合问题的能力。教师可以在教学中示范推理过程,教学中教师和学生一起阅读物理题目,一起找出已知条件等给出的有用信息,分析已知条件,以及它们相互之间的关系,分析推理证明的思路,启发引导学生运用物理公式并且得到正确结论。

(5)想象情境。想象情境是通过学生的想象来实现情境的创设。想象情境表征在学生现有经验和获得经验的基础上进行重新组合,它的意象更加的广远、更加的有感情色彩,学生在大脑中呈现动态图,比如,想象起瓶盖的过程,人用手在起子的A处用力F,使得起子逆时针旋转,起子将绕A点旋转,形成杠杆,A作为一个支点,瓶盖对起子的接触点B点有阻力的作用,接下来学生就可以根据想象情境画出起子的力的示意图。

(四)物理情境教学的功能

(1)创设情境激发生学生学习兴趣。情境教学关键在于观察生活,体验具体的学习情境,把物理知识与具体情境联系在一起,学生可以通过感官接收信息,体会物理情境中的生动形象。学生通过身临其境的观察,学习兴趣可以被激发。

(2)创设情境加强物理知识的理解。学生记忆量的多少,记忆时间的长短与学生的记忆方法以及学习材料相关,学习就是从本质到规律的一个认识过程。利用物理情境中对复杂的物理问题进行建模和可视化,有助于学生的意义建构,有利于加强学生对物理知识的理解。

(3)创设情境促进物理知识的迁移。知识迁移是学习者大脑中现有认知结构图式的储存信息的重组,并在新刺激物的刺激下同化和顺应的过程。物理情境的建立也是结构化认知的建立,忽视物理环境,只强调物理量的定义、方向和单位等书本知识，只会导致物理知识的分散，学生学习过程中不能够顺利地进行知识迁移。

（4）创设情境培养学生物理思维。物理教育教学中不仅重视物理规律的最终结论，更加重视研究过程中的思维与方法，物理教学中可以运用物理学史，物理学小故事，角色扮演等方式来创设情境。重现物理学家的研究过程，总结研究方法，丰富学生的课堂体验，有利于培养学生的思维习惯和科学态度，形成物理思维。

（5）创设情境引发学生情感共鸣。情境教学能够创设一种人际情节，美好的教学情境能够拉近学习内容与学习者之间的距离以及教育者和受教育者之间的距离。情境可以为学生提供良好的暗示和启迪，学生对物理知识的应用从无意识逐渐地过渡到有意识，学习者在学习过程中能够对教师提出的问题给予热烈的回应，形成主动参与的意识。

二、高中物理情景教学要素及特点

（一）物理情境教学的要素

1. 创设情境，诱发动机

有一部分学生觉得自己还是有学习物理的天赋的，但后来由于感觉到高中物理明显的很难学，这样一来，越来越多的学生不再主动学习物理。如果学习者在学习中被动已经明显地超过了主动性、强迫感明显地超过了自愿，那后果是很可怕的。而学习的主动性都是在一定的情境下才激发和发展起来的。因此，创设情境，诱发动机是情境教学的首要环节。

2. 进入情境，确定问题

有意识地去自己制造这种困惑（问题）就能很好地激发学生的认识兴趣和求知欲望。兴趣永远是最好的教师。而在制造问题时是有要求的，需要注意的事项如下：内容要紧扣教材；切合学生实际；问题要小而具体；当然问题要有适当的难度；问题要富有启发性。这样的问题才能引导学生积极地进入情境，并使得学习者主动参与实践，主动参与"问题解决"。

3. 探究情境，自主学习

在情景探究的过程中一定要真正确保学生的主导地位，而这一点，在实施的过程中，往往很难实现。教师总是习惯性地就占了主导。所以教师应该进行适时而必要的，谨慎而有效的指导就可以了。以迫使学生在探究过程中真正有所收获。教师的职责不仅是在于"教"，更重要的是在于如何更好地指导学习者去自己"学"。教师不能仅仅满足于学生"学会"，教师更重要的是要引导学生"会学"。

所以教师要尽可能地去创造一定的条件和环境氛围，提供一定的辅助材料，通过学习者多种器官的感受和体验。进而去探究知识的形成过程。这样一来就可以很好地培养学生分析问题和解决实际问题的能力。

4. 强化情境，建构知识

建构主义强调，学习的实质是积极主动的建构过程。学习者个体具有运用过去的知识经验进行推论的潜能。学习不是被动地将知识由外向内转移，而是主动地对外部信息或符号进行选择和加工，所以强化情境更加有利于意义建构。

5. 评价情境，改善效果

教师设计的问题，要涉及学生已有的知识，能激起学生的认知冲突，问题情境能指引学生进行意义建构，从而给出评价，因此，教师要不断地改进教学设计，优化教学过程，进而改善和提高教学效果。由学生自评，长期积累下去可以有效地提高学习能力和学习效率。

（二）物理情境教学模式的特点

（1）情景穿梭于整个活动中。情境教学过程的各个方面（设置合适的情景，引诱动机，进入情境，找出问题，探索情境，主动学习，加强情境，意义建构，一直到形式的评价，以改善效果）都把"情境"作为一个联结。情境巧妙地协调认知和情感的平衡和融合。在更深层次反映的过程中，加强了课堂教学的理解。

（2）情境教学是基于"问题"为核心展开的。最初的动机和挑战是问题，也是情境教学吸引学习者的关键，并能够使学习者保持学习兴趣。为了激发学生探索知识的迫切愿望，使学习者积极寻求解决问题的办法。

激起引导学生发现问题，学生接触创造良好的环境，能够引起学生强烈的好奇心和发现，通过学生自身水平的认知和情境冲突，获得寻求物理现象和物理知识的欲望。学习者的认知冲突能够刺激学生大胆的猜想和主动活跃的思考。引发学生强烈的问题觉悟，所以学生发现并提出相应的物理问题。所以说情境教学是以问题为中心的。

（3）情境教学展示了教学认识的主体。从教学理念上来看，情境教学是学生为主体的教学活动，它强调学生的独立人格和意识。从教学行为的角度来看，从各种渠道去建设学习者的主体地位，创造有利的条件，帮助学生成为学习的主体。

（4）情境教学展示了教学认识的文化。人文和科学是人类认识世界的眼睛。它们的和谐统一，将能促进学习者的身体和心灵的和谐，健康发展。情境教学结合科学文化知识和情感的艺术，带着学科教学走向一个新的境界，也帮助我们进一步揭示了文化教学的知识。所以说，情境教学是美，是真实。情境教学，引导学生从学科知识的点的理解，到审美的享受。

情境教学的学习任务，展示了现代科学的观念和方法，而且情境教学还展示了其目标是培养个性。理性认识洋溢着非理性的东西；也透露着理性的认识。情境教学，通过设置情境，有意识地集成动态和静态的统一，在和谐的环境中学习，学生可以从精神到物质，提高认知水平。情境教学使得学习者在教育方面获得知、情、意、行的科学素养。

三、高中物理情境教学的设计策略

（一）高中物理概念的情境教学设计

1. 运用实验情境，引入物理概念

教学方法为教学内容服务，教师需要立足于物理教材，用最佳的方式创设优质课堂，物理实验的特点之一是生动直观，有助于培养学生的观察能力和动手能力。物理学以实验为基础，可以创设实验情境为学生带来感性的认识，同时将多媒体技术与传统教学方法相结合，增加多媒体设备的使用，开发实用的多媒体课件和网络教学资源。多媒体演示实验可以激发学生的学习兴趣，同时减少实验情境的创设时间，避免概念教学的引导环节过长。

从学生的认知角度出发，实验情境中引发学生的认知冲突，产生建立新概念的需要。例如在学习"摩擦力"这节课的时候，可以设置小实验，将带有挂钩的木块放在接触面粗糙的长木板上，利用弹簧测力计沿着水平方向拉拽木块，用较小的力拉弹簧测力计，木块与木板之间保持相对静止状态，当拉力增加到某一定值后，木块与木板之间开始发生相对滑动。可以让学生一边动手操作，一边观察分析实验过程中小木块的受力情况，小木块在受到水平拉力的同时还受到一个与拉力方向相反的阻碍木块与木板之间相对运动或阻碍相对运动趋势的力，这个力就是摩擦力，在木块与木板发生相对运动之前，两个物体相接触并且相对静止，有相对运动趋势，在接触处产生阻碍相对运动的力是静摩擦力，两物体发生相对滑动时产生阻碍滑动的力叫滑动摩擦力。那么通过一个实验情境的创设，学生在头脑中对概念有了清晰的认识，并且有助于培养学生观察能力、思考能力、动手能力。

2. 创设生活情境，理解物理概念

物理是格万物而致穷理，因为人对生存的这个世界充满好奇，为了满足人类的好奇心与求知欲，物理作为一种手段与途径应运而生，人们从生产生活中获得知识，并应用于生产生活。高中物理教学中的素材不仅来源于书本或者是实验仪器，还可以创设一些生活化的情境来帮助学生理解物理概念。建构主义的学习观告诉我们学习应该在与现实相似的情境中进行，利用实际的事物或者运用图画、声音、动画等方法可以让学生进入生活化情境中,当物理概念与学生的日常生活相联系,学生心理上,对新概念不再有距离感。选择生活中与物理概念相关的现象或者问题,有针对性地整理组合到一起,有些学生的生活经验对物理的学习还有可能产生负面的影响。日常概念与物理概念之间存在着冲突,要创设有利于正确物理概念形成的生活化情境。

学生的逻辑思维占主要地位,但是在掌握比较复杂的抽象概念时,还是需要具体形象的支撑,所以在教学中创设情境有利于学生思维或想象外部的环境过程,轻松愉悦的情境让学生由被动的"苦学"变为主动的"乐学",学习物理成为一种快乐体验。比如,学习"超重与失重",带学生观察生活中的超重与失重现象,地面上摆放一个体重秤,教师站在体重秤上静止不动,这时候体重秤的示数就是教师的真实体重,当教师快速下蹲的这一过程中,体重秤的示数会发生两次变化,教师可以提出问题,是教师的体重发生了变化吗?示数改变是对支持物的压力发生了改变,当教师处于平衡状态的时候,对支持物的压力大小就等于重力,当示数小于实数,对支持物的压力小于物体重力的现象是失重,示数大于实数是超重。播放将体重秤放进电梯里,人站在体重秤上不动,电梯由一楼到六楼,由六楼下到一楼的过程中体重秤的示数变化,分析人分别处于什么状态,电梯又是如何运动的。通过生活化情境的创设,加深学生对物理概念的理解,学生学会主动运用物理知识来解释生活现象。

3. 新旧知识对比情境,应用物理概念

从已有的物理知识出发,创设新旧知识对比的教学情境,通过逻辑的展开引导学生理解知识的内在联系,清晰掌握不同概念的不同本质属性,发现其中相同点与不同点,从而更加深刻地记忆并且更加熟练地应用。比如,学习"加速度"这个概念的时候,学生往往对速度、速度变化量、速度变化率这几个概念混淆不清,所以加速度概念教学中,创设新旧知识对比的情境:速度是描述物体运动快慢,速度越大则运动越快,速度是矢量;速度变化量是速度的变化,速度变化量是矢量;速度变化率是速度变化的快慢,加速度也叫速度变化率,加速度是一个矢量。创设新旧概念对比的情境,列举出四种情境:物体的加速度很大,速度很小;物体的速度为零,加速度却不为零;加速度在减小,速度反而很大;物体加速度始终未变,速度在增大。利用新旧知识的对比情境,学生能更熟练地应用物理概念。

(二)高中物理规律的情境教学设计

1. 创设问题情境,探索物理规律

物理规律本身比较抽象,学生学习物理规律,教师要引导学生发现问题,创造有利于发现问题的课堂情境。有效地将学生引入新课,才能提高学生学习的积极性,所以导入新课要有夺人眼球的艺术色彩。引导学生分析物理规律包含的因果关系,知道所学内容非常有用处,课堂是学生获得知识的主要渠道,教师需要充分利用课堂教学时间。给学生们创设一个问题情境,围绕着问题情境学生的思维可以被激发。学生可以通过实验或者观察来发现问题,或者从已有知识的分析中发现问题,也可以从生活现象中发现问题。

在以学生为主体,教师给予指导的情境下,学生自主探索物理规律,学生的学习潜能可以被激发。学生在教师创设的问题情境中,产生探索物理规律的内在需要,积极主动地进行学习。

2. 创设故事情境,建立物理规律

要想理解物理规律需要清楚物理规律的建立过程,规律教学中可以联系物理学史来创建故事情境,学生们进行角色扮演。根据角色扮演原理,学生对自己扮演的角色的言语、行为和心理会有深刻的体验。为学生提供良好的暗示与引导,学生了解规律所产生的环境条件,体验科学家研究物理规律的方法。放一些合适的音乐,渲染课堂情境,引起学生情感的共鸣,引发学生的内在学习动机,激发兴趣,在学生头脑中重现建立物理规律的过程。比如,在牛顿第一定律的教学中,惯性定律的建立并不是归功于牛顿一人,前人也做了很多的努力,从亚里士多德到伽利略、笛卡尔、牛顿,物理规律的建立经历了漫长的过程。可以让学生扮演角色的方法或者是讲故事的方法来创设教学情境,体会物理学家在研究中运用的物理研究方法。创设故事情境,重现物理规律的建立过程,同时丰富学生的情感体验。

3. 创设游戏情境,应用物理规律

在教育游戏领域,教育内容的传递以及如何将教育内容整合到互动性和娱乐性的游戏中已经引起了人们的广泛关注。根据高中生的心理特点,在情境教学中可以用趣味游戏来创设情境,在教学中将物理规律与学生喜欢的游戏结合在一起,激发学生的学习兴趣,学生主动应用物理规律,提高学生的学习效果。激情是思维的动力,教师向学生提供感性的材料如图片、录像等,教学过程中把握情感的表达,注意调节平衡的心态,教师多关注学生并且注意观察学生的心理特点。

可以在课堂上设立"实话实说""模拟小剧""开心一笑"等活动,请学生走上讲台参与表演,情感是感染力的源泉,运用激励性的语言、动作给予学生鼓励与肯定,游戏最大的特点在于互动性,学生会有参与的意识,这种游戏的教学方式学生们喜闻乐见,能化难为易。趣味性物理游戏激发学生探索科学实验的欲望,提高学生思维能力、动手能力和创新能力。因为高中生具有一定的认知水平和动手能力,游戏的设计不能过于简单,要富有挑战性同时易于操作。游戏的设备材料应与学生的日常生活密切相关，每一个游戏都要有明确的教育教学目的，掌握物理规律的应用是活动的真正目的，游戏情境设置的方式和过程要确保学生的安全。

（三）高中物理实验的情景教学设计

1. 创设问答情境，学生探索实验

学生在实验之前，需要明确实验目的，认识实验器材，对实验仪器的使用方法和注意事项都需要仔细地学习与研究，并且在动手实验之前头脑中要清楚地知道实验原理。传统教学中这部分知识一般由教师讲授给学生，我们可以创设这种问答的情境，让学生自己查找资料，教师来提出问题，学生来回答问题，这样既调动了学生学习的积极性，也考察了学生的知识获取能力，培养了学生的探索能力。

2. 创设启发情境，学生设计实验

学习过程是知识的不断积累与革新，理解新知识，形成自己的经验，利用实验来让学生获得启发。实验中教师讲解过实验重点内容之后，留出一小段时间用于同学之间或者师生之间探究讨论。教师要引导学生进入课堂角色，教师可选定实验课题让学生进行实验步骤的设计，在实验的设计过程中，有成功有失败，学生会去反思自己的成功与失误，得到不同程度的满足，实验反思中可能会有一小部分的自责，有利于学生看到自己的不足之处。学生在亲自设计实验的过程中有所感、有所思、有所悟，产生对科学技术的憧憬与向往之情。学生设计实验的方法可能不同，教师要给予启发和指导，培养学生的发散思维和创新精神。

3. 创设演示情境，学生动手实验

学生动手实验才是提高学习热情的基础，情境设计的好坏影响学生知识结构的构建情况。在学生动手实验之前，教师可以向学生讲解自己的实验设计，进行实验操作，正确地演示实验步骤，分析实验过程中容易出现的实验问题，哪些部分操作不当可能造成实验误差，那么这些问题如何避免或者如何将误差减到最小，向学生进行演示。学生也可以利用身边的熟悉物品材料自己制作实验器材，教师可以充分利用课下的时间引导学生进行简易小实验的制作与展示。

（四）高中物理习题的情景教学设计

1. 创设直观情境，辅助理论分析

教学的直观性原则由感性到理论的发展规律所得来，通过一系列的实际物体、物体模型、语言的形象描述让学生对事物的感性认识得到丰富和发展，学生获得感性认识之后能够掌握知识，提高能力。直观情境具有理解透彻，印象深刻、效果良好等特点，当涉及问题复杂，晦涩难懂，不易于接受的题干，这时如果在教学中创设直观的情景，有助于学生更好地进行理论分析，提高学习积极性，加深知识的记忆与理解，使学生更加贴合实际地去学习，加深印象。

2. 创造冲突情境，完成顿悟过程

掌握学生的认知特点也就是从学生本身已经掌握的知识或者生活经验出发，创设富有情感的情境为实现习题课堂目标服务。为学生设计的学习情境中给予学生清楚完整的相关信息，引导学生在创设的情境中开动脑筋，根据学生的心理特点，创设的问题在学生的最近发展区，给予学生本身思考与探索的空间很重要。尝试创设学生意料之外的情境引起学生的认知冲突，在题目中设置陷阱，学生对于那些刚刚学习之后还没有熟练掌握的物理知识由于应用不熟练，面对相关的问题仍然会采取之前的知识或者受到之前思维定式的影响，那么利用学生对于这部分的含混不清、易错点、混淆点或者知识盲点引发冲突情境，学生往往会在受骗后完成顿悟的过程。

3. 重现概念情境，回顾知识点

习题课的情境设计中也要注意认知能力和思维能力的培养，重视学生成绩的情况下，重规律轻概念这是高中物理教学中的普遍问题。在习题课的讲解过程中对于概念的讲解不仅要讲清楚还要通过概念教学来培养学生的能力。

比如，在处理"摩擦力"这部分习题的时候，经常考察摩擦力的方向，一木块轻轻放置在向右匀速运动的传送带的一端，判断开始时木块受到摩擦力的方向，对于这类习题我们需要重现摩擦力的概念情境，理解摩擦力的产生条件，作为阻碍物体相对运用或者相对运动趋势的力，摩擦力方向的判定可以从摩擦力概念入手，当然还可以利用其他方法，物理学中的概念是组成物理学的基石，学生真正理解概念是做好物理题的关键。

4. 给予指导情境，明确解题方法

教师在习题教学的情境中注意加强学生在分析问题方式、解决问题方式上的指导，教给学生方法，以不变应万变，伴随着轻松愉快的心情来解题。在教学情境中注重对解题方法的指导，同时对于学生做题的规范性、公式书写的踩分点给予适当的指导。

具体的操作上从审题开始，审题也就是读题过程中，带着学生一起分析习题中给予的信息，接下来是物理情境的建构，通过画图等方式来建构物理情境，分析哪一个知识点可以用来解决这个问题，学生可以举手回答，找出解题方法。

5. 语言暗示情境，转变做题态度

学生对于习题课，经常感觉到很乏味，特别是遇到一些条件冗长、知识结构复杂、物理公式应用较多的习题，学生感觉到很疲倦，解题态度上比较消极，这个时候教师的语言暗示或者体态暗示都会有良好的效果，当学生学习遇到困难，不动手做题时，教师可以直视学生的眼睛，用语言鼓励他，可以用肢体动作给予提示。

教师用亲切期盼的眼神关注学生，用积极的话来激励学生，学生做题的态度会由消极转变为积极，来提高做题效率。

第三节 培养创新能力的物理实验教学及其问题设计

一、培养创新能力的物理实验教学

具有创新能力的人才是进行创新活动的基础。培养和提高创新能力并非易事，需要根据人的发展从婴儿、幼儿、儿童、少年、青年等不同的人生阶段长期、循序渐进地进行。

中学阶段是青少年成长发展的关键时期，学生思想活跃，求知欲强，接纳信息量大，可塑性强，为培养学生创新能力提供了良好的心理和生理基础。此时中学生尚未形成自己的思维方式和解决问题的模式，是培养创新能力的绝佳时期。所以教师要注意启发学生的创新意识，合理利用创新的各种方法，培养学生的创新思维，特别注意尊重学生的古怪疑问和想法，启发学生的想象力，激发学生的探索兴趣和求知欲望，鼓励学生自己去寻求问题的答案。而且教师还要特别注意克服应试教育的弊端，鼓励学生大胆探索、大胆怀疑、独立思考、灵活思维[①]。

（一）物理实验教学培养创新能力的基本途径

1. 良好的实验教学情境

创设良好的实验教学情境，激发学生创新意识。在物理实验教学中引入或创设与实验教学内容相适应的氛围或场景即为教学情境。情境教学就是帮助学生正确理解教学内容，促进其知识和能力协调发展的一种教学方法。情境教学能够激发学生的学习兴趣，培养创新意识，发展其创新能力。

2. 实验教学过程提升创新能力

利用实验教学过程，提升学生的创新能力。物理实验教学是培养学生创新意识和实践能力的主要途径。目前，物理实验教学是平等性、开放性、兼容性和创造性相统一的。教学方法主要采用发现法、探究法、合作式、研究式等，同时辅以传授式。学生是实验操作的主人，教师是服务者、协调人。学生质疑书本、挑战教师、质疑权威的见解和思想是实验教学内容的重要组成部分。引导学生独立

---

① 程柱建.基于问题解决的高中物理思维教学［J］.现代中小学教育，2013（7）：30-34.

思考，在理论联系实际的设想中，发现问题、解决问题，是教师教育教学能力的体现，也是学生展现自我、发展自我、创造自我的必然要求。只有不断激发学生的学习兴趣才能提高创新能力。

3. 完成实验报告

完成实验报告是培养学生创新能力的重要手段。学生学习物理知识是一个由理解到运用复杂而渐进的过程，同时也是学生积累和发展创新意识、创新能力的过程。实验结束后，处理实验数据，对实验结果进行分析和评价，并系统分析和总结实验的过程能够激励同学们的创新思维，提升自身创新能力。所以，鼓励学生学会从错误中学习，从失败中获得经验，帮助培养学生勇于探索、敢于创造的创新能力。

4. 设计性实验

利用设计性实验，培养学生创新能力。物理设计性实验是一种层次较高的实验训练形式，是指学生在教师指导下，根据实验要求，查阅相关资料，设计实验方案，选择实验仪器，进行实验操作，得出实验数据并处理，归纳总结实验结果的一种实验模式。设计物理实验，学生必须主动探索和发现新观点、新事物和新情境，这有利于培养自身的创新精神和实践能力。总之，培养创新能力是进行物理实验设计活动学习的根本目的。

（二）物理实验教学培养创新能力的具体方法

创新思维是创新能力的核心。发散思维和收敛思维是创新思维的最重要表现。发散思维是指在解决问题时，能够从现存信息中去探寻各种不同的解决途径和答案的思维方式。收敛思维是指在解决问题的过程中，充分利用已有知识和经验，逐步将所接收的信息进行归纳与总结，从而形成逻辑结论的思维方式。这两种思维是创新思维的两个组成部分，二者相辅相成，共同构成了个体创新思维的基础，尤其是发散思维是创新的重要前提和条件。

物理实验类别众多，不同实验有着不同的特点，所以采用不同物理实验教学设计方法，培养学生的创新思维，提高创新能力。

1. 演示实验教学设计

演示实验是由教师为完成一定教学内容而操作表演的实验。演示实验是教师施展教学过程的独特方法，也是物理教学的重要环节，深受学生喜欢。演示实验能将枯燥的讲解变得生动活泼，能将抽象的理论变得形象具体，能将具体物理现象清晰地展现给学生，引导学生进行观察和思考，配合教师的详细讲授，帮助学生认识物理概念和规律，达到预期教学效果。

（1）利用新奇的演示实验激发学生的创新意识。基于中学生好奇、好学、好动的心理特点，教师可以利用演示实验引入新课，培养学生的创新意识。

例如，在讲授"大气压强"的时候，首先演示"会吃鸡蛋的瓶子"的实验，帮助学生直观理解大气压的存在。实验材料包括：一个熟鸡蛋、一个细口瓶（瓶口比鸡蛋略小）、纸片若干和火柴或打火机。首先将剥去皮的熟鸡蛋放在瓶口，让学生仔细观察鸡蛋能不能自己进入瓶子；然后取走鸡蛋，将纸片点燃，再将其置于瓶子里，等火一旦熄灭，立刻把鸡蛋置于瓶口。这时候学生会惊奇地看鸡蛋自己跑到瓶子里面去了。通过这个简单演示实验引入新课，激发学生学习兴趣，让学生对新知识充满好奇和期待。演示结束教师可以通过合适的提问来调动学生主动探索和创新的积极性，（例如：现象产生的原因是什么？如何再将鸡蛋从瓶子里拿出来？）这时候使得学生不得不主动思考，自主学习。又例如在讲解平面镜成像时，可以将"浇不灭的蜡烛"魔术导入新课，让学生猜想，讨论其中的奥秘，从而激发学生的学习兴趣和创新意识。

（2）演示实验操作前增加猜想环节，给学生提供思维发散的空间。教师在介绍完实验器材后，可以增加学生猜想环节，如果去做实验，可能会出现什么样的物理现象。这样做的目的，是基于对人学习的认识，人们都有认识世界的本能，尤其是学生都会有好奇心，都会有探究的愿望。让学生去猜测，学生就会调动以前所学的知识，开动大脑，分析实验。实验中也可以让学生展开讨论，集中同学的才智，探究实验的本质。

例如在介绍超、失重内容时，可以让学生猜想把开有小孔的塑料瓶从空中自由下落和往上抛时，瓶中的水会不会流出来。许多学生认为塑料瓶自由下落时水不会流出来，而上抛时水一定会漏出。再让学生分小组进行交流和讨论，为什么自由下落时水不会流出来，而上抛时水就会流出来。讨论结束后再进行演示。这时学生发现自己的猜想出现了错误，但对原因不清楚，课堂气氛一下子就热烈起来，学生的探究欲望也被激发。

（3）演示实验过程中精心设计问题，引发学生思考，培养发散思维。演示实验的过程中教师除了要将实验现象真实地展示给学生，还要注意适时合理地设计一些问题来引导学生，让其带着问题观察或边观察边思考，锻炼学生的发散思维能力，提高课堂效率。

例如在讲解动量守恒定律这个内容时，教师可以利用牛顿摆来完成课程引入。把仪器展示出来以后，教师就可以提出一些问题引导学生进行思考，引导学生进行猜想。演示的过程中首先拉起一个小球进行实验，让学生观察现象，学生惊奇地发现只有另一顶端的一个小球会弹起，并且弹起高度和拉起小球的高度近似相同，而其余的小球却基本不动。然后让学生猜测拉起两个小球可能出现的情况。全部情况演示结束后，所有的人都感到很神奇，迫切地想知道原因。这时教师不要直接给出答案，而是提示学生有没有关注到小球的大小和个数特征，小球的大小和个数对实验结果是否有影响，等等，继续启发学生思考，培养创新思维。

（4）变教师演示实验为学生参与探究实验，培养创新能力。演示实验是由教师演示完成，实验教学过程中，基本程序是教师操作，学生观看，这样不利于培养和提高学生动手能力，更制约了学生创新能力的发展。变演示实验为学生参与探究实验就是将单纯的教师演示实验变为学生参与操作探究实验来达到相同目的。将演示者从教师变为学生，同样可以达到演示目的，却有着更多的好处。首先，要想顺利完成实验，学生需要提前对相关的知识进行预习，这有利于学生自学能力的提高。其次，学生演示比教师演示更能调动课堂气氛，吸引学生的注意力，更能体现学生的主体地位，锻炼学生的操作能力，使学生的主观能动性得到充分的发挥。在实验过程中，教师通过适时的设问和引导，就可以取得非常好的课堂效果。

这样就要求学生操作完成所有的演示实验，教师只需要改变教学方式，启发引导学生实验，增加学生的探究机会。

2. 验证性实验教学设计

验证性实验主要是用来验证、检验已知的物理内容，巩固所学知识，培养学生的观察和操作能力。显然验证性实验达不到培养学生创新思维和能力的要求。由此，教师需重新规划教学过程或者增加探究性内容，一方面培养学生动手操作能力；另一方面培养其创新能力。

验证性实验其实验流程基本确定。实验时，学生只需机械性操作，无须过多思考。这就要求教师将某些实验步骤留白，交由学生设计并完成；或是提供多个选择步骤，让学生自行选择并确定最佳步骤；甚至，可以考虑将设计实验部分完全交给学生来完成。这样学生在完成实验验证的过程中，一定程度上进行了探究活动，一方面加深对知识的理解；另一方面增强创新能力。

例如"判断磁场力的方向"的实验，对此学生自行设计难度较大，完全按照教材的步骤完成实验，学生基本没有发挥空间。因此在完成实验装置连接后，可以让学生思考如何才能改变磁场力的方向，之后通过实验验证。

又例如"楞次定律"教学过程中，可以事先留两个思考题。之后，教师引导学生利用线圈、电流表、条形磁铁等器材共同设计一个实验方案。最后，学生自己动手操作，观察并记录实验现象。这样学生在探索中学习，创新思维将会得到不断训练和培养。

3. 探究性实验教学设计

探究性实验是指学生通过实验、探索、分析、研究得出结论，形成科学概念的一种认知活动。在教师的启发与引导下，探究性实验要求学生从实验材料、实验方法、实验步骤等方面进行研究，自主完成实验并发现、解决问题。探究性实验要求学生自己主动探究，而不是依靠教师的督促来完成，所以要充分考虑中学生的心理特点和认知水平，使实验内容尽可能生动、有趣，这样学生在进行实验探究时，才能够保持很高的兴趣。教师在设计探究性实验时，其选题应尽可能与人们的日常生活实际相联系，使学生对实验内容有一定的熟悉感，更易于接受；采用的实验仪器要尽可能简单易得；实验包含的规律要有一定的深度，需要学生去挖掘。此外，更重要的是要多鼓励、引导学生进行猜想并验证，充分发散他们的思维，使学生能够积极主动地进行探究。

例如在讲解物体的摩擦力大小与哪些因素有关时，首先让学生伸出手用不同的力度在课桌、书本和衣服等物体表面进行滑动，然后提问学生的感觉如何。接着，教师引导学生结合实验体会，大胆地提出物体的摩擦力大小与哪些因素有关的猜想，培养学生的发散思维能力。此时，教师应该给予所有猜想正面的表扬，同时提出学生自己可以尝试通过设计实验来论证猜想是否正确。进行此类实验设计时，可以以小组为单位，设立小组长，要求各小组独立进行实验设计和实验探究。整个实验教学过程中，在教师的引导帮助下，学生通过独立思考、相互交流得出实验结果。

4. 设计性实验教学设计

设计性实验是在给定实验目的和实验条件的基础上，学生自行设计实验方案并完成的实验。实践证明设计性实验是提高学生创新意识和创新能力的重要途径。设计性实验对学生的要求较高，一个人较难完成，因此教师可以将学生分成人数相近的小组，让小组成员共同完成。实验过程中，教师可以先向学生介绍实验原理和目的，然后让每个小组自己设计实验方案并集体讨论选出最佳方案，选择合适的实验仪器与实验步骤，最终完成实验内容并对结果进行讨论和分析。整个实验过程中，教师只协助引导学生，尽可能让学生自主思考，逐个解决面对的每一个问题，最后完成实验。这样不但能够培养小组成员间团结协作的能力，还能够培养学生独立思考、解决问题、实验设计等能力，有利于创新能力的提升。

例如在完成"大气压强"学习内容后，为了加深对这一概念的理解，教师可以组织学生分小组来设计实验。要求用废弃的矿泉水塑料空瓶分别设计演示液体压强和大气压强两个物理实验。要求制作方法简便，可以添加少量其他辅助器材。作图并写明制作方法、实验步骤，等等。这样可以帮助开发和培养学生的创新能力。

二、物理实验教学的问题设计

（一）物理实验教学的问题设计原则

1. 目标性原则

目标不明晰的心理活动，是不能称为问题解决的，具有明确目的性的实验，调动学生的观察才是有意义的，才能引起学生的思考，吸引学生积极主动地去探索实验所反映的物理规律，不能只追求表象的直观和形象，以及形式上的活跃和有趣。教师在准备实验教学之前，需回答如下问题：学生已具有哪些知识？学生将会学会哪些知识？培养学生哪些能力以及如何使学生学会发现问题、理解问题和解决问题的方法？让学生在实验中学会学习。

2. 逻辑性原则

回顾物理学发展的历史，任何一个概念、规律之所以能够成功建立，是因为其中蕴含的科学的思维方式和探索方法发挥了作用。从培养学生科学素养的角度来看，掌握蕴含在科学实验过程中的思维、方法的动态知识比掌握文本呈现的静态知识更有价值，更值得开发和利用。在高中物理实验教学中，不能按部就班地进行机械式的实验操作，而应通过问题的导入，创造探索的氛围，以此来体现实验的设计思想、物理学探究方法，启发学生思考。为了使孩子的经验得到发展，就需要它与成人的经验在某些教育条件下相遇。通过问题的设置，启迪学生的思路，让学生潜移默化地领会实验思想的本质。设计"问题串"的根本目的是引导学生主动、自主学习，"问题串"之间要存在逻辑关系，从学生角度体现思维过程的逻辑性。"问题串"的设置坡度不能过大，要符合学的逻辑思维特点，要让学生跳一跳就能摘到水果。

3. 过程性原则

实验的教学旨在教会学生实验的方法，学生在看完演示实验或完成某一分组实验时，往往能够知其然，但是很少能够知其所以然，学生能够回忆起大概的实验过程，却很难回答出每一个步骤的意图或每一个动作的细节，这就需要教师依据实验过程设置贴近学生"最近发展区"的问题，使学生真正理解实验的过程，记忆深刻。

4. 灵活性原则

所谓"灵活性"是指摒弃以往的习惯思维方法而开创不同方向的思维品质，学生思维是否可以灵活，取决于教师的问题是否具有衍生性，是否灵活多变。例如，让学生"举出报纸的用途"，大多数的学生常常以直觉思维会想到"阅读""学习""获取信息"，给出这些答案的学生思维的灵活性没有得到训练，当得知还有另一种思考方式的时候，这些学生会有一种挫败感；若是换成"报纸除了可以获取信息还有什么用途？"此时学生思维被调动了，诸如"包裹东西""折飞机""贴在窗户上遮挡阳光"之类的答案将会更多地涌现，这样学生的思维不再局限，变通性也就比较大。这个例子也同样说明，问题不宜过广，跨度应适当，以激发学生的好奇心和胜任感。这就要求基于问题为中心的设计性实验在设计时，要精心创设研究问题，要具有灵活性，其难度也不能过高。

另外，在学生把握情境本质、设计实验方法的时候，要鼓励学生不死板、不拘泥，要能随机应变、大胆创新、变通处置。

5. 科学性原则

实验可以灵活多变，但是灵活要有一个限度，这个限度就是实验的思想及过程要具有科学性。问题解决总是要达到某个特定的目标状态，为了达到实验的目标，首先要把握问题的本质，联想和确定正确的理论依据；再者要判断设计方法是否严谨可行、选用的仪器是否科学合理，每一个实验步骤都要仔细斟酌、深入地分析和探讨，做到有理有据，培养科学的严谨性。

6. 层次性原则

每个学生在知识基础、认知能力、兴趣爱好、意志水平、学习态度等方面都有所不同。传统的实验教学过程，无视学生个体间差异，往往以同一个教学要求对待所有的学生，致使一部分学生感到要求过低，实验毫无挑战性，另一部分学生则感到要求过高，失去参与到教学过程中的信心。而基于问题为中心的高中物理实验教学，以问题串为策略，设计一系列有层次的问题，对于优等生期待能够较多回答出这些问题，而对于后进生，不期望他们能回答很多问题，只需回答出问题串中为他们设计的部分问题，增加他们的信心，促使他们积极地参与到实验探究的过程中来。问题设计应具有针对性，根据不同层次学生的学习要求和实际能力，开展适应各层次学生的有差异的教学活动，从而为提高探究性实验教学效益创造条件。

以上这六个原则，并不是要求在具体的实验类型案例设计中要全部体现，但是不会违背这六个原则。

（二）物理实验教学的问题串教学策略

问题串作为一种教学手段，可以将问题化整为零、化繁为简，可以有效引导学生的思维纵向衍生、横向扩展。

1. 递进式问题串，纵向引导学生思维

递进式问题串，重点在于突出问题情境或揭示问题本质。递进式问题串由一系列逐级过渡的问题组成，这些问题是层层递进的，前一个问题通常是解决后一个问题的基础，符合学生的纵向思维级差。有些情况下，学生在面对思维跨度较大的问题时，思维往往不能产生相应的跳跃，就好比让一位学生原地直接跳上一米五的平台上，几乎是不可能实现的一样，此时若是在原有的位置与平台之间搭建一组台阶，这样学生到达平台将会变得容易，递进式问题串就起到此处台阶的作用。通过追问的方法，将主干问题设计成一组梯度符合学生纵向思维的问题。

2. 并列式问题串，横向拓展学生思维

并列式问题串是由一系列逻辑上相互平行的问题组成，它们没有主次之分，比较适用于通过多个问题或实验现象归纳出某一概念、规律或方法。因此在回答某一主干问题时可以设计若干个相互平行的实验问题，进行比较研究，把看似孤立松散的现象串成逻辑关系紧密相连的知识链。在一个个并列的问题中，通过对比归纳，横向拓展学生的思维，提高学生透过现象看本质的解决问题的能力。

3. 辐射式问题串，多维发散学生思维

辐射式问题串，重点在于利用问题使学生进行多维度的发散思考。物理实验教学中，为解决某个实验探究或设计的问题，通常围绕这个核心问题，提出向四周散射的若干个小问题，理解、解决了这若干个小问题，也就可以理解、解决该实验的探究或设计了。与递进式不同的是，各小问题是并列展开的，无极差次序之别，都是直接指向核心问题的；与并列式不同的是，它是从核心问题向若干小问题发散。在一个个发散性的问题中，不断提高学生的思维广度。

设计问题串，旨在让问题成为实验教学的主线，用问题串将教师的教与学生的学紧密联系起来，并以实验为手段，推动整个教学过程。问题串可以说是师生交流的纽带，是促进学生观察实验、积极思考的助推器，是提高学生学习能力的渠道。问题串的教学，不单单为了让学生能够解决问题，更多的是让学生学会发现问题以及怎样思考问题的能力。

问题串的教学虽然可以分为三种教学策略，但是这三种策略并不是相互独立、互相排斥的，当然也没有谁优谁劣之分，这三种教学策略应是相辅相成的。有些实验教学适合于递进式、有的适合于并列的式、而有的则适合于辐射式，当然有些情况下，需要同时采用其中的两种或三种教学策略，正所谓教学有法，教无定法，在实际的实验教学中要灵活运用这三种教学策略。

第四节 信息技术与高中物理课程教学的整合

知识经济时代和信息化时代，科学的发展、社会的进步必将对教育形成巨大的冲击并产生深远的影响。信息技术作为现代技术手段，正逐渐地融合于课程与教学的领域之中，促进了传统的课程与教学革命性的变革。信息技术与课程及教学整合是课程与教学发展的时代要求①。

一、信息技术与高中物理课程教学整合的内涵阐释

开展信息技术与物理课程及教学整合的研究，必须明确信息技术与物理课程及教学整合的内涵。只有明确其内涵及有效的信息技术与物理课程及教学整合的特点，才能进行信息技术与物理课程及教学的有效整合。

（一）信息技术与课程整合的实质

信息技术与课程整合的实质是利用信息技术手段变革传统的课程与教学结构，即改变"以教为中心"的课程与教学结构，创建新型的、既能发挥教师主导作用又能充分体现学生主体地位的"主导—主体"相结合的课程与教学结构。这种课程与教学结构的变革包含以下基本属性：信息技术融入课程与教学之中，旧的课程与教学结构的解构，构建了新型的课程与教学环境，实现新的教与学方式。把信息技术、信息资源、信息方法、人力资源和课程内容有机融入课程与教学中，不仅是一种思想观念的转变，也是课程与教学要素的变革，它要对旧的课程与教学范式进行批判与解构，从而构建起新型的课程与教学结构，新型课程与教学结构支持新的教与学的方式，新的教与学的方式的应用是为了最终达到学生创新精神与实践能力培养的目标。只有从这几个基本属性去理解整合的概念，才能真正把握信息技术与课程整合的实质。

（二）信息技术与物理课程教学整合的认识与要求

对信息技术与课程及教学整合概念的不同认识，主要是出于对课程与教学概念的不同理解，以及对于如何看待信息技术在课程与教学中的作用而产生的歧见。一般可以将信息技术与课程及教学整合的认识分为"小整合论"和"大整合论"。

1."小整合论"与"大整合论"的认识

（1）"小整合论"对应信息技术与物理教学整合。把信息技术主要作为一种工具、媒介和方法融入物理教学的各个层面中，在教学设计及实施的过程中将教师、学生、内容、媒体等因素系统地加以考虑，使教学内容的组合更加合理，教学结构更加优化，教学的效果、效率、效益更高。信息技术既是教师的教学工具，也是学生学习的认知工具，在教学中师生熟练地使用信息技术工具，信息技术就同课程的教学融合为一体。一线教师研究信息技术与课程的整合，大多持这种观点。他们更为关注信息技术应用于教学实践层面中的问题。

---

①王邦平，琚鑫，岳凌月.基于普通物理的高中物理问题解决模式［J］.物理教师：高中版，2011（12）：1—3,36.

(2)"大整合论"对应信息技术与物理课程及教学的整合。这种观点主要是指将信息技术融入物理课程及教学的整体中去，从而改变课程目标、课程内容、课程结构、课程实施和评价方式，变革整个课程与教学体系。这种所谓的"大整合"，一方面要创立信息化物理课程体系；另一方面要产生以信息技术融合其中的新型的教学方式和新型的师生和生生互动对话关系，建构起整合型的信息化教学组织形式、教学内容呈现方式、课程资源利用的途径和教学评价方法。通过这种信息技术与课程的互动性双向性的整体整合，对课程及教学的各个层面和维度都产生变革作用，促进课程及教学的整体变革。一些研究理论的学者比较认同这种观点。

2.信息技术与物理课程及教学的整合要求

信息技术与物理课程及教学的整合从不同视角看是有不同的含义的。但无论是何种含义，有效的信息技术与物理课程及教学的整合都应具备以下要求：

第一，有效的信息技术与物理课程及教学的整合，要求改变传统的课程观、教育观和教学观以及学习观，要运用信息技术作为学习工具和教学工具，变革不利于学生主体性发展的传统课程与教学范式，促进物理课程内容的呈现方式、学习方式、教学方式和互动方式向关注学生主体性发展的方向变化。

第二，有效的信息技术与物理课程及教学的整合，要使信息技术与物理课程及教学各要素整体协调、相互渗透，以发挥物理课程及教学的最大效益，促进物理教学过程中的各个要素和环节实现全面优化，以有效提高学生的科学素养、信息素养和利用信息技术自主探究问题、解决问题的能力。

第三，有效的信息技术与物理课程及教学整合，应根据物理学科的特点来进行，要关注科学素养与信息素养目标的整合，要加强信息技术与物理实验教学、科学探究教学及学生自主学习的整合；要重视物理学科信息化课程资源的建设和利用，让学生有条件有能力通过电子图书馆、数据库、局域网、因特网来获取和交换课程学习与评价的信息，成为自主学习和开放学习的主人。

二、信息技术与高中物理课程的整合研究

信息技术与物理课程的整合，是把信息技术融入物理课程的整体中去，以改革物理课程的目标、物理课程的结构、物理课程的内容，从而创建出新型的现代物理课程体系。信息技术与物理课程的整合包括与课程目标、课程内容、课程实施和课程评价的整合几个主要方面。

（一）信息技术与物理课程目标相融合

信息技术与物理课程目标的整合是指在物理课程的构建中将培养学生科学素

养和信息素养的目标融合起来。信息素养是人能够判断何时需要信息，并且能够对信息进行检索、评估和有效使用所需信息的能力。它是现代社会成员应对现代社会挑战所必备的素养之一。下面从信息素质（Information Literacy）、独立学习（Independent Learning）及社会责任（Social Responsibility）三个层面给出了九条信息素养标准：

（1）信息素质。①能够高效地获取信息；②能够成功地、批判性地评价信息；③能够精确地、创造性地使用信息。

（2）独立学习。①能够探求与个人兴趣有关的信息；②能够欣赏文学作品以及能对信息进行创造性地表达；③努力在信息查询和知识创新中做到优秀。

（3）社会责任。①能认识信息对社会的重要性；②能履行与信息和信息技术相关的符合伦理道德的行为规范；③能积极参加小组的活动来探求和创建信息。

可见，信息素养是建立在信息技术基础上的集科学的信息意识、信息道德、信息技术知识和信息能力于一体的关于信息的综合素养。它涉及对信息技术掌握的熟练程度和对新技术及时学习的积极程度，还包括对信息感知的敏捷性、接收信息的快速性、信息筛选的指向性、信息甄别的抗扰性、信息评价的合理性、信息处理的有序性、信息运用的共享性和创造性以及正确认识和理解与信息技术相关的文化、伦理等。

高中物理课程目标是把信息技术与物理课程目标加以整合，物理课程提高学生的科学素养的目标与信息素养的培养就会起到一个相辅相成、互为促进的作用。

信息技术与物理课程目标的融合有着共同的基础，利用信息技术有利于实现信息素养与科学素养目标的融合。要注重在物理课程整合中通过以信息技术为学习工具、认知工具，用具体物理学科任务和研究课题来驱动学习过程，使学生充分发挥主体作用，积极主动地利用信息技术获取、处理、加工信息，与他人进行广泛与深入的交流与协作，探索解决问题的方法，最终实现信息素养与科学素养目标的共同有效达成。

物理课程目标与信息技术学习目标的融合体现在以下三个方面：

（1）知识与技能目标的融合。运用和处理信息技术的知识和技能是信息素养的基本组成部分，主要包括使用各种信息工具的知识与技能和处理信息的知识与技能，前者主要是使用获取信息工具、信息管理工具、编辑生成信息工具等；后者主要是根据自己的需要对信息的获取、分析、处理，实现信息加工和创新的能力。在物理基础知识和技能的学习中可以将上述信息技术的知识和技能融合进来，一方面，有利于促进学生对物理基本知识与技能的掌握；另一方面，信息技术工具的使用使得学生对物理知识与技能的掌握方式和途径更加多样化，学生能更自主地获取物理知识与技能；在学习物理课程内容的各个过程中能更多地使用信息技术，同时也促进了对信息技术的知识与技能的掌握。

（2）过程与方法目标的融合。当今社会是高度信息化的社会，学习物理有了更加丰富而完备的信息资源。信息技术营造的信息化学习环境有利于学生掌握科学的学习过程与方法。学生在自主探究学习物理的过程中熟练运用信息技术，利用信息技术工具收集资源、制订学习计划、进行验证搜集证据、交流与论证，并进行自评和互评，充分体会信息技术采集存储信息、提供合作平台、辅助课程学习的过程与方法。把培养学生使用信息技术来解决问题的过程、方法和能力及物理课程解决问题的过程、方法和能力适当地整合起来，一方面，让学生通过信息技术能力的提升能够利用信息技术更加快捷方便地获取所需的信息；另一方面，让学生以更加有效的方式进行物理学习并培养分析和解决问题的能力、科学探究的能力。

（3）情感态度与价值观目标的融合。科学素养有包括情感态度与价值观方面的内容，而信息素养也包括信息道德、伦理、观念和价值观方面的内容。两者的融合是有共同基础的。学生在信息技术环境下进行的探究学习、自主学习和合作学习等活动中，充分体验参与团队合作、科学发现过程中的喜悦与成长。利用信息技术将物理学习与当今社会科技发展联系起来，让学生体验到信息技术工具对学习能力的强有力的作用，形成积极使用信息技术的情感态度。让学生理解利用信息技术从事物理学习和研究一方面要遵循相关的信息法规和信息道德规范，另一方面要遵循相关的科学伦理道德，从而使学生得到"情感态度与价值观"方面的教育。物理课程的"情感态度与价值观"目标的重要内容是"科学怀疑""科学求真""科学创新"的基本情感态度与价值观，而信息素养也强调批判性收集信息、获取真实信息和信息创新的基本态度与精神。这两方面是相辅相成的。

在运用信息技术学习物理课程的过程中，一方面，要融入科学批判性思维的内容，让学生能敏锐甄别各种信息，过滤污染信息，优化和整合有效信息，善于挖掘有用信息和浓缩有效信息，对信息内容进行深层加工，对信息进行科学分类、排序、存储等；能够对信息去伪存真，去粗存精，正确评价，同时通过独立思考，最终创造出新的有效信息。另一方面，通过批判性地获取和处理信息的过程，提高学生的科学和信息的道德、伦理和价值观。

（二）信息技术与物理课程内容相融合

信息技术与物理课程内容的整合是指将物理学习内容与信息技术融合起来。信息技术与物理课程内容的整合是物理课程内容革新的一个促进因素。物理的学习内容是多方面的，一般有知识性的学习内容、方法与能力的学习内容、思想与价值观的学习内容。知识性的学习内容主要包括物理概念、物理规律、物理理论等；方法与能力的学习内容主要包括物理探究能力、物理研究各种方法等；思想与价值观的学习内容主要包括科学情感态度与科学的精神和思想等。这些内容如何来组织，是一个值得研究的问题。传统的物理学习内容呈现方式主要是传统的文字和媒体。信息技术作为呈现教学内容的重要工具可以将多种媒体方便、快速地集成，实现对教育资源的有效统整。

信息技术整合到这些物理课程内容中，必然要求传统的物理课程内容的组织适应信息化社会发展的要求，增加或渗透与信息技术相关的内容，革新原有课程内容。信息技术与物理课程内容的整合范畴很广，下面主要讨论信息技术与科学探究内容的整合、信息技术与实验内容的整合、信息技术与物理知识内容的整合。

1. 信息技术与科学探究内容的有机融合

信息技术与科学探究内容的融合，是指将信息技术作为一种探究的工具与物理探究内容有机地结合起来。科学探究主要包括提出问题、猜想与假设、制订计划与设计实验、进行实验与收集数据、分析与论证、评估、交流与合作等基本要素。根据科学探究内容的实际，可以将信息技术渗透到科学探究的部分要素或全部要素之中。

（1）问题发现是科学探究的关键。在科学探究中，问题的发现、问题的解决与新问题的再发现贯穿整个科学探究的学习活动过程中，是探究得以持续进行的最活跃的因素。运用信息技术的强大的再现功能，能在传统媒体不能有效发挥效能的学习内容上优化物理教学问题情境的呈现方式，让学生在数字化资源所呈现的问题情境中感知物理现象，发现和提出探究的问题。

（2）科学探究离不开研究资料的收集。以科学探究主题为线索，以信息技术为工具对探究主题相关资料的收集，是一种高效的资料收集方式，在物理课程内容中应当融入这方面的内容。物理课程编订时可以根据科学探究教学内容的实际情况把有价值的网站的内容收编到课程之中，或者在教材的科学探究内容中提供各个有关的网址。学生在探究学习时可以进行有目的的搜索信息的活动，也可以根据学生信息素养的状况，适当安排一些学生自主网上搜索信息的内容。

（3）科学探究往往需要用实验的研究方法。由于某些实验难以在现实中进行，可以在物理课程中融入数字化的实验资源。学生可以通过这种数字化的实验资源，进行实验操作，观察现象，读取和处理数据，分析并得出实验结论。

（4）科学探究需要合作和交流。物理课程可以把利用信息技术进行合作与交流的内容融入其中。可以在学生进行探究学习的过程中引入一些交流活动，如探究学习中经常采用小组合作研究的组织形式，各小组间可利用网络技术的BBS和电子邮件实现网上交流。也可以将学生探究的成果、作业、作品在网上发布、交流。

2. 信息技术与实验内容的有机融合

信息技术与物理实验内容的融合，是指将信息技术作为一种真实实验的工具、模拟实验的手段、实验数据处理的工具、实验研发的手段和实验技能训练的载体融合到物理课程的实验内容中。中学物理课程是以实验为基础的课程，也是以实验为重要学习内容的课程。物理实验要实现实验手段多样化和现代化，将信息技术整合于物理实验之中，是当今科技迅猛发展的必然要求。信息技术与物理实验内容的整合具有传统媒体难以比拟的多方面的优势，它可以向学生提供一种实验基本知识与技能训练的有效手段；信息技术的交互性和超文本链接的特性，为学生收集实验相关信息和"互动""对话"的实验教学提供了技术的保证；信息技术融入物理实验可以在实验观察过程中扩展实验的可见度和可重复性，实验数据采集与测量更为简单方便，精度也更加提高，实验数据分析与处理也更为便捷和有效。

信息技术作为实验技能训练工具融入物理课程，一方面要保持传统物理实验技能训练的有效内容，另一方面要把一些由于条件所限不能用真实实验进行技能训练的内容，引入建立在信息技术基础上的真实实验或虚拟实验技能训练。这种融入信息技术的真实实验或虚拟实验提供给学生一个较为开放的技能训练情境，学生通过各种真实实验或虚拟实验器材的操作，学会正确使用物理实验项目中的仪器和工具，获得相关的实验信息，提高实验操作的技能。学生可以在虚拟实验室中进行测量工具的技能训练，如在使用观察游标卡尺测量物体的过程中，学生通过操作解剖游标卡尺的结构，了解它的测量方法及读数方法，并根据反馈信息进行矫正性的训练，提高测量的技能。对电表、示波器等一些较复杂的仪器，也可以引入虚拟实验技能的使用和练习，让学生在反复操作过程中，理解这些仪器的工作原理和测量方法。学生在初步掌握了相关的实验技能后，再进行真实实验的操作。

信息技术作为实验展示工具融入物理课程，主要在传统实验所反映的物理规律比较抽象和理解困难的内容，或实验所包含的物理本质不清晰的内容，或真实实验难以成功的内容中，采用信息技术手段进行动态模拟展示。如简谐运动中弹簧振子的振动实验，很难同时观察到回复力、加速度、速度和位移等物理量在运动过程及任意时刻的大小和方向，学生理解这些物理量的关系就有困难。而采用信息技术的模拟实验，可以设置不同的振动频率和使用暂停操作，以方便学生对四个物理量的大小、方向变化进行分析，有利于学生对简谐运动物理意义的理解。一般在中学不可能进行的真实实验，诸如高温、强电、强磁实验，高能粒子实验，空间实验，α粒子散射、原子核的衰变、链式反应等都可以用信息技术手段来做仿真实验。

信息技术作为实验数据加工的工具融入物理课程，是利用信息技术手段进行实验数据的输入、测量、记录、分析等加工活动。信息技术的发展和引入中学物理课程，必然对实验手段的高速化和智能化提出更新的时代要求。物理课程可以融入数字信息系统实验室（Digital Information System Laboratory，DIS），它是由"传感器+数据采集器+实验软件包+计算机"构成的新型实验系统。它运用传感器采集实验数据，通过接口与计算机连接，完成数据的采集、分析，必要时可以画出数据分析表和曲线，还可以对不同条件下的实验误差进行分析与讨论，对一些原来只能进行定性分析的实验进行定量分析。采用DIS实验系统，使处理数据的工作简单化，学生用于数据处理的时间大大减少，就有更多机会去进行探索研究。

对一些实验数据的处理也可以通过引入一些通用软件来进行，如Excel的数据处理界面非常接近实验数据的记录方式，利用这些数表软件，可以迅速、准确地根据实验所得数据得出物理关系图像等，甚至能够给出图像所代表的公式。如测定电源电动势和内阻、牛顿第二定律等实验，用记录表中的数据创建Excel数据表，可以方便地生成点线图，有助于发现相关物理量之间的关系。

信息技术作为实验探究的工具融入物理课程，是利用信息技术手段进行探究实验活动，培养学生的探索能力和发现问题、解决问题的能力以及创造性思维能力。物理课程中可以整合一些以信息技术作为研发工具的探究实验活动，如进行一些工具类教学软件"Interactive Physics"（交互性物理）、"仿真物理实验室"等创设虚拟的探究情境并进行探究；也可以在探究中整合DIS数字化实验。DIS实验简化了实验数据的采集和处理过程，但要求学生有一定的探究和设计实验方案的能力及处理实验数据尤其是处理表格、图像的能力。DIS系统在观测小信号和瞬间变化信号、处理数据和分析实验结果等方面具有传统实验仪器无法比拟的优势，能使学生实验的研究范围大大拓宽。

同时，DIS系统的开放性设计保证了学生可利用此平台方便地设计实验来验证提出的假设，为学生的探究活动提供了工具保证。如磁现象的定量研究在传统实验教学中始终是一个空白，借助传感器就能研究螺线管中磁感应强度与螺线管的匝数、直径、长度以及通电电流的关系，研究不同位置磁感应强度的变化情况。DIS使许多实验从定性观察上升到定量分析层面，实验质量和教学效果得到了提升。在这种探究实验的过程中，信息技术扮演着探究工具的角色，拓展了探究性实验和探究性教学的领域。

3.信息技术与物理知识内容的有机融合

信息技术与物理课程知识的融合，是指将以传统的物理教材为主的学习内容与以信息技术为手段的数字化学习资源融合起来。数字化学习资源指的是经过数字化处理后可以在多媒体计算机上或网络环境下运行的多媒体教学信息材料，包括数字视频、数字音频、多媒体软件、CD-ROM、网站、电子邮件、在线学习管理系统、计算机模拟、在线讨论、数据文件以及数据库等。

传统的物理学习资源可以用数字化处理而形成物理数字化学习资源。它可以通过物理课程编订进行系统开发、教师开发、学生创作、市场购买以及网络下载等方式来创建。在物理课程编订中要广义化扩展物理课程与教材的概念，把物理数字化学习资源融入物理课程与教材中，可开发多媒体电子教材、教学资料，将文字、声音、图像、动画等有机地集成，制作成CD-ROM等光盘长期、大容量地储存。教师在物理教学实践中，也要研究并开发数字化学习资源。

这种数字化物理学习资源可以对传统的物理教材形成一种优势互补。由于各种原因，有许多物理知识往往因不能在传统的物理教材中加以详尽论述而造成缺失。这些未能详尽论述或缺失的物理知识就可以融合到数字化学习资源之中。从当前的物理课程与信息技术的现状来看，主要是从以下方面把物理知识融入数字化学习资源中来：

（1）有机联系的跨学科的综合性问题。随着科学技术的发展，物理学与其他学科的联系更加密切，物理学的发展与其他相邻学科如数学、化学、生物学等学科的发展不无关联，物理学的知识也与这些学科的知识密切联系。而这些综合性的知识，由于教材容量所限，传统教材是难以翔实展开的。因此可以把这些与物理知识密切联系的跨学科的综合性问题融合到数字化的资源中来。如有关"灶具的科学知识"的学习，要研究不同灶具的加热原理和效率，要比较各种燃料的燃烧值，还要比较各种灶具的经济性和安全性，还要讨论各种灶具和燃料对环境的影响等问题。这些知识的学习涉及物理知识、化学知识、生物知识，需要学生利用STS理念和综合性的知识，进行分析问题和解决问题的活动。

（2）有机联系的科学、技术与社会相联系的问题。科学技术的迅猛发展，在造福于人类的同时，也产生许多与人类生活和生存密切相关的热点问题。这些热点问题往往不能及时编入物理的传统教材之中，但这些问题有丰富的物理学与其他学科的综合知识，这些问题的解决可以帮助学生培养分析和解决实际问题的能力，也可以帮助学生理解科技发展和社会发展的相互作用，培养正确的科学的态度和价值观，因此是学习物理所必不可少的。同时，要把这些知识纳入数字化的学习资源之中。如"电冰箱和臭氧层""温室效应""能源的合理开发与利用""家用电器的发展带来的安全问题""紫外灾难""噪声污染""电磁污染""光污染""交通问题""环境保护""航天技术及其对人类未来的影响"等。这些数字化学习资源可以有效解决传统物理课程容量有限、内容不能及时更新的缺陷问题，能把中学物理课程内容与现代科技与社会的问题在更广阔的视阈中整合起来。

（3）生活中的与之密切联系的问题。物理学是一门与实际密切相联系的科学。

在日常生活和工农业生产中蕴含着大量的物理知识，物理课程把这些知识吸收进来是非常必要的。物理教学贴近学生生活，联系社会实际，可以激发学生学习的兴趣，养成善于运用知识、关心生活和生产实际问题的习惯，培养分析和解决实际问题的能力。但是这些贴近学生生活、联系社会实际的内容往往是传统教材不能详尽的，而且传统教材在呈现这些内容时方式单一。把贴近学生生活的与物理学密切联系的问题融入数字化的资源，这些数字化学习内容具有图文并茂、视听结合、生动活泼的多媒体表现形式，在激发学生学习兴趣和吸引学生主动参与学习活动等方面，具有传统媒体无可比拟的功效。

（三）信息技术与物理课程实施相融合

一种新课程的实施要通过变革与教学两种途径：改革旧课程的教学范式，实施新课程的教学范式。新的教学范式是指教学共同体（包括教师、学生、家长、教育管理者等）基于对教学本质、目的及其过程的新认识而形成共同的教学理念和新的教学样式。在新的教学范式中有教学共同体认同的新的教学理论、教学规范、教学方式、教学方法、教学手段，并由此去进行教学。信息技术与物理课程实施的整合可以促进旧的教学范式的变革和有效地改变学生的学习方式，创建出多元化学习方式，让学生自主收集和处理信息、交流与合作、分析和解决问题及创新知识。

1. 创建信息技术学习环境

信息技术与物理课程实施的整合，能够创建物理教学的信息技术学习环境。这种物理教学的信息技术学习环境是指具备物理教学信息存储、处理和传递功能的，能适应学生信息化学习需要的物理学习环境，它不仅包括校园网、教育城域网、多媒体教室、网络教室、电子阅览室、远程教学网络系统，也包括各种支持教学的软件平台环境、教学管理信息系统。

在信息化学习环境中，物理教学具有一些数字化教学的特征，如信息显示多媒体化、信息传输网络化、信息处理智能化和教学环境虚拟化等。同时，师生、生生之间可以方便利用信息技术手段开展协商讨论、合作学习，并通过对资源的收集利用、探究知识、发现知识、创造知识的方式进行学习。与传统的教学环境相比，信息技术学习环境在许多方面的优势是显而易见的。它为课程实施增强了共享学习资源的互动功能，实现了教学资源的网络化和扩展化，促进了教学的有效性。

信息技术学习环境的创建是一个长期积累的过程。一方面要配置必要的数字化学习的校园网、教育城域网、多媒体教室、网络教室、电子阅览室、远程教学网络系统等硬件设置，另一方面通过全球性的教学信息挖掘、流通、交流、存储等丰富信息化教学资源。教师不仅要研究和创设学生研究型学习的信息资源获取和探究活动的平台，以及探究过程和结果表达的平台，以提供信息化探究型学习环境，还要研究和创设学生与学生、学生与教师、学生与社会的网络联系与互动的平台，以提供信息化协作学习环境。

2. 实施新颖的师生角色

信息技术与物理课程实施的整合，必然带来教育教学的新理念、新思维、新举措，一方面促进了教育现代化的进程，另一方面生成一种新颖的师生民主、平等关系。从技术层面看，信息技术与物理课程实施整合具有数字化、网络化、智能化、多媒体化的特点；从教学层面来看，信息技术与物理课程实施整合具有开放性、共享性、交互性与协作性等特征。正是由于信息技术与物理课程实施整合的上述特点，物理课程实施将破除传统的"教师传授和学生接收"单一的信息传承关系，构建一种新颖的师生关系。民主与平等是现代师生伦理关系的核心要求。现代教学要求教师承认学生作为"人"的价值。每个学生都有特定的权利和尊严，有自己的思想感情和需要。教师要尊重学生的人格。尊重学生既表现在对学生独特个性行为表现的接纳和需要的满足，又表现在创设良好的环境和条件，让学生自由充分发现自己，意识到自己的存在，体验到自己作为人的一种尊严感和幸福感。

信息技术学习环境作为一种开放性、共享性、交互性与协作性的现代学习资源环境，任何人在它面前都是平等的。也就是说，教师和学生都平等地享有和使用这些学习资源的权利。传统的学习环境中，教师和学生的地位是"先知者"与"后知者"的关系，教师是"知识权威"，而学生则是"知识的接收者"。尽管在传统的学习环境中，强调平等的师生关系的呼声不断，但师道尊严的文化传统根深蒂固地扎根在实际的教学之中。而在信息技术学习环境中，在许多情况下，教师和学生无所谓"先知"与"后知"，有时甚至学生是"先知"，教师是"后知"，教师和学生的地位可以互相转换。这样就自然催生了一种民主和平等的师生关系，也会有助于民主与平等的教育范式的确立。

信息技术与物理课程实施的整合也有助于教学相长。众所周知，教学相长是一个非常古老的教学思想，它是教学双方相互影响、相互促进，从而使师生双方都得到提高的过程。师生的相长是互为前提的，学生的成长是在教师引导下通过自身努力的结果，教师的教育教学专业素养越高，越有利于学生的成长。而教师教育教学专业素养的提高也在一定程度上、一定领域中、一定范围内受到学生的影响。通过师生互动和对话的双向活动，教师"学然后知不足，教然后知困。知不足然后能自反也；知困然后能自强也"。

信息技术与物理课程实施整合技术上具有数字化、网络化、智能化、多媒体化的特点，教学上具有开放性、共享性、交互性与协作性等特征，使得教学相长又被赋予新的含义，对"教学相长""终身学习"提出了更高的要求。科技的迅猛发展及知识的激增，使传统的课程与教学以教师作为知识占有者和传授者的地位动摇了，教师是知识的占有者和传授者的角色是无法有效地应对现代社会对教育的挑战的。在信息技术的学习环境中，教师作为学生唯一知识源的地位也发生了根本的动摇，学生获得知识信息可以通过多样化的渠道。教师在传授知识方面的职能要发生转变，不再是只传授现成的教科书上的知识，而是要指导学生如何通过利用信息技术学习资源的工具，去获取自己所需要的知识，以及学会如何根据认识的需要去处理各种信息的方法。

总之，在信息技术学习环境中的物理学习，教师要胜任教学工作，只有树立终身学习的思想，不断学习掌握信息技术学习环境的工具、知识、方法，也要放下架子向学生学习。因为在许多情况下，学生在某些方面可能会超越教师。教师的作用更多体现在作为学生学习的激发者、协作者，教师要不断研究在信息技术环境下的教与学的有效方法、策略，把教学的重心放在如何引导和促进学生"学"上，从而真正实现"教是为了不教"。

3. 构建互动与对话新途径

信息技术与物理课程实施的整合，打破了陈旧的物理课程实施模式，创造了一种新颖的师生互动与对话的途径。这种师生互动和对话的新途径，实际上是由于信息技术学习环境下的教学具有开放性、共享性、交互性与协作性等特征，师生的教学关系发生转变所构建的。信息技术使师生由"先知"和"后知""主导"和"被动"的关系变为民主、平等的和谐关系。信息技术使师生之间增加更广泛、更民主、更有针对性的交流。师生利用信息技术手段进行知识、技能等多维度的教学互动与对话。如通过网络技术加强教与学的互动和对话，教师引导学生对所学的内容进行反思与评价，交流自己的学习心得与技巧等。教师可以利用网络进行目标检测、信息反馈、在线咨询等。学生在自主学习的过程中，通过计算机网络，可以与伙伴共同探讨一些难题，发表自己不同的看法。

教师可以利用网络资源进行教学活动或将普通教学资源通过计算机技术转化为网络教学资源，具体应用在教师课前的设计和准备活动以及上课时教师通过计算机网络监控学生学习和演示教学内容上。教师可以通过网上交流、网络会议、专题研讨等多种形式得到不同的意见和建议，以便取长补短，调整自己的教学内容或者教学过程，使教学效果达到最佳。学生个体可以利用网络进行独立学习，学生群体也可以通过计算机网络进行交互学习活动，可以在学习过程中自由浏览学习内容，也可以进行自主探索活动。教师和学生还能利用计算机网络进行远距离的互动与对话的教学活动。教学可以在课堂上进行，也可走出课堂，不受时空的限制。学生对学习感兴趣的内容和疑难问题通过互联网随时向教师提问或与同学交流。

总之，在信息技术与物理课程实施整合中，师生关系发生了根本性的变化，过去教师的那种"主宰"地位将不复存在，学习过程中实现的是人与人的交往，心与心的交流，智慧与智慧的碰撞。

（四）信息技术与物理课程评价相融合

信息技术与物理课程评价的整合是利用信息技术来优化和提高物理课程评价的效能，以促进学生的发展、教师的专业化成长和改进教学的评价功能。下面主要讨论对信息技术与物理学业成就评价的整合的问题。

学业成就是指经过教学后学生所获得的学习成果。这种学习成果不仅包含学生的知识和技能的获得，还包括学生在学习的过程中获得的方法和能力，以及相应的情感态度和价值观等方面的发展。学业成就评价要运用一定的工具、技术对学生的学习成果的水平、优势、不足等进行测量并据此做出价值判断。

现代课程评价倡导方法的多样化，尤其强调质性的评价方法和量化的评价方法相结合，以有效地描述学生全面发展的状况。纸笔考试不是唯一评价手段，应注意根据考试的目的、性质和对象，选择不同的考试方法，如辩论、答辩、表演、产品制作、论文撰写等灵活多样、开放动态的测评方式。要重视和采用开放式的质性评价方法，关注学生学习、发展的过程。而信息技术与学业成就评价的整合，可以利用信息技术促进这种多元的、高效的评价工具和方法的创建。

1. 信息技术实现学生学习的评价

现代教育重视学生学习和发展过程的评价，把学生学习评价贯穿于整个学习过程之中，并且注重评价的及时性。针对这一要求，教师可以充分利用信息技术学习资源，着重审视学生学习和发展的变化过程，及时予以评价。

例如教师可以利用网络提出某个问题，让学生围绕问题展开讨论，设计研究方案，最后解决问题。在这一过程中，教师可以利用网络互动平台及时给予指导。鼓励学生利用信息技术手段进行合作学习，让学生通过分工协作的方式共同完成学习任务。在学习过程中，允许学生通过网络向教师提出问题，与教师进行交流与对话。学生也可以把自己的学习体验、学习进步、学习不足等写下来和他人分享。其他人可以对他的学习体会和表现进行评论。教师则可以用信息技术手段及时批改作业，了解学生的学习情况，并做出及时的反馈。

传统的测验由于信息技术的应用也为评价知识与技能的情况提供了便利。例如，利用电子在线考试分析和反馈系统可以考查学生掌握基本知识的情况，学生还能及时得到反馈结果甚至是试题分析。虽然借助传统的测试和分析也可以达到这个目的，但是电子考试分析和反馈系统能更及时更有针对性地分析学生测验的情况，并把分析的情况实时地反馈给学生。另外，这种由电子在线考试分析和反馈系统所做的反馈还有助于消除学生的焦虑情绪。

2. 信息技术实现电子档案袋的有效评价

电子档案袋评价是利用信息技术手段的一种档案袋评价。在实际操作中可以在服务器上建立每个学生的电子文件夹，这种文件夹以学生学号命名，就可以建立起一个班学生的电子档案袋。电子档案袋与传统档案袋相比有许多优点，它不仅存储容量大，易于保存、查阅及携带，而且易于操作、交流、展示以及标准化管理。

利用电子档案袋可以方便记录每个学生学习过程中的学业成就情况、不同阶段的学习作品、自我反思、他人的评语等。这些材料均以电子文档形式存入每个学生的档案袋中。这些档案材料不仅表明学生通过学习后获得的结果，而且更应该记录学生参加了哪些活动、投入的程度如何、在活动中有什么表现和进步等情况。学生可以通过FTP访问自己的文件夹，将作品、评价、反思放入相关的章节中。对学生学习过程中的阶段性的学业成就和学习作品等的评价，可以利用相关的电子评价表格让学生自评或者互评。在一定阶段后，再利用总结性的电子评价表格让学生或他人对学习过程和成就进行综合评价。学生可随时进入自己的档案袋补充材料、查询材料、了解自己的进步与不足，以便调整自己的学习行为，促进自己更好地发展。

3. 信息技术开发试题库与在线考试

利用网络和数据库技术，可以开发电子试题库与在线考试系统，通过基于Web服务器访问Web页面，实现数字化组卷与考试等各项相关的功能。

在使用基于信息技术的试题库时，一般的用户不仅可以轻松地向题库添加试题、修改试题和查询试题（卷），还允许用户根据自己的需求，从现有的试题库中灵活地抽取各类试题，组建适合自身所需的试卷。试卷的难易程度和形式以及各大题分数等都可以由用户根据需要确定，或者让计算机自动按照"难度系数"灵活、随机地抽取试题库中的各类试题组成各种形式的试卷。试卷的内容会随着库中试题的改变而改变，它是一种实时的互动的试卷。这就大大减轻了教师出题、组卷和改卷等繁重的工作量。

在使用在线考试系统时，考生通过浏览器进行有效的身份验证登录后，输入正确的试卷编号，系统就会呈现相应的试卷和考试说明，并要求在规定的时间内进行答题。当达到规定的时间后，系统将自动予以提交。如果系统调制到形成性的测试，考生做完后便能立即看到预先记录在库中的标准答案和自己的成绩，能及时了解自己测试的反馈信息，以改进自己的学习。而正式考试的试卷则不能随意更改，答案可以调制到适时提供，考生的答案和分数将被记入库中以供审核和查阅，并作为成绩评估和试卷分析的数据。

这种电子试题库与在线考试系统运用方便、操作简单，效率很高，能够实现真正的无纸化考试，满足任何被授权的考生随时随地进行考试并迅速获得成绩，同时给出其详细的成绩分析与试卷评估。这样就能对学生自身的学习情况提供及时的反馈，有助于学生及时改进学习方式和提高学习效果。

三、信息技术与高中物理教学的整合研究

高中物理在初中物理的基础上提高了难度，是更加抽象、更具实验性的学科。随着现代信息技术的发展，物理教育的形式也得到了丰富，教师通过现代信息技术及多样化的教学模式，与学生有了更多新的互动，与此同时，新的教学模式较以前来说更加具有吸引力，提高了学生学习物理的兴趣。所以教师应该注重教学方式的创新，把握教学难点，在教学的过程中，有意识地引导学生向重难点进行探索，实现现代科学技术与物理教学模式的有机结合，以提高高中物理的教学质量。

（一）教学模式的转变与教学理念的更新

要想提高信息技术与物理教学模式的结合程度，就要改变教学理念，顺应时代的发展更新教学理念。将信息技术与物理课程教学有机结合，不刻意划分两者的界限。物理教学和信息技术相结合可以丰富物理教学的模式，用更加生动活泼的形式教授物理知识，激发学生的学习兴趣。与传统的教学模式相比，新型的整合教学模式使得学生的主体地位得到体现，也强调了教师的主导地位。

（二）媒体技术的利用与教学设计的优化

现在的高中物理多媒体教学就是信息技术和物理课程相结合的具体化表现，在这样的物理教学活动中，课堂教学的主要组成部分包括教师、学生、知识、媒体等相关元素。这些构成课堂的元素，直接决定了教学质量的好坏。教师要根据教学内容与学生主体选择合理的媒体技术，要做好课堂设计和教学计划，才能够通过多媒体的形式表达教学内容，提升教学的生动性，增加教学深度，提高物理教学的质量和效率。

（三）媒体技术的利用与课堂教学情境的创设

课堂教学情境是可以通过媒体技术的介入进行改变的，好的课堂教学情境，离不开多媒体技术的运用。课程整合的具体表现形式就是创设课堂教学情境。传统的教学模式中，课堂氛围低沉，教师采用的是填鸭式的教学方法，更多的是在黑板上进行板书。学生的能动性不强，无法更深层次地对课本知识进行探索。但

如果运用多媒体技术进行物理教学，物理知识就能够通过更加生动形象的形式体现出来。多媒体技术的运用可以让教师在课堂上建立相关的物理模型，使物理教学更为直观，让学生更具有空间感。

多媒体技术与物理课程教学的融合是一个长期的过程，需要物理教师们进行长久的探索。高中物理课程的整合需要各个物理教师的参与，这样不仅可以提高物理教学的质量，也能够实现教学模式的创新。虽然课程整合的优势良多，但教师仍要根据具体的情况进行相关的选择，要学会灵活地运用多媒体技术，使其与物理教学有机结合，培养学生的创新能力，提高学生的科学素养。

第五节 夯实基础的教学内容设计

一、高中物理教学内容的选择依据

高中物理探究学习教学目标是高中物理探究学习教学内容选择的依据。知识目标决定探究内容选择的范围，选择具有探究价值的教学内容进行探究；技能目标决定探究内容选取的角度，选择能够促进探究技能掌握的问题进行探究；过程与方法的目标决定探究内容的组织形式，选择能够促进学生理解科学探究过程、方法的教学组织形式；情感目标决定探究内容呈现的方式。因此，高中物理探究学习教学内容的选择应有利于物理课程三维目标的实现。

具体选择探究学习教学内容时，对学习内容的分析要深入，知识内容及其结构关系要清楚，知识内容的类型要明确以下三方面：

（1）陈述性知识：物理现象、物理概念、物理规律等物理知识。

（2）程序性知识：物理知识的应用及应用物理知识解决问题的方法。

（3）策略性知识：物理知识的认知策略、元认知策略、物理技能及应用物理知识解决实际问题的策略[1]。

二、高中物理教学内容的选择原则

高中物理探究学习的内容选择，应有助于学生对科学探究的理解，有助于学生对科学探究技能的掌握，有助于培养学生的科学探究能力，有助于探究学习三维教学目标的达成。从探究的深度、广度、可操作程度等方面考虑，选择探究学习教学内容时应遵循下列原则：

---

[1] 黄开智.物理核心素养视域下的高中物理教学现状调查及分析[J].中学物理（高中版），2020，38（9）：23-28.

（一）适度性原则

首先是探究"量"上的适度，即探究内容的复杂程度要符合高中学生的身心特点和认知水平，接近学生的思维发展区。若探究内容过于复杂，学生探究的时间太长，将影响其他知识内容的学习；若探究内容太简单，学生会失去探究的兴趣。其次是探究"质"上的适度，即探究的难度要符合学生的身心特点和认知水平。依据维果茨基的最近发展区理论，探究问题的难度应是学生通过努力可以解决的，即通过学生已有的知识、能力的提取和综合，可以进行探究并得到结果。否则，学生花了很大的代价也没有获得探究结果，不利于探究学习的开展。

（二）激趣性原则

探究学习是学生经历科学探究过程以获得知识与技能、过程与方法、情感态度和价值观的变化为目标。学生有好奇心，喜欢探究问题的答案，满足学生的好奇心，有利于激发其探究学习的内驱力。因此，探究学习的内容必须能充分激发学生的内在动机，激起学生的探究乐趣。可选择满足学生现实需要、贴近学生实际生活的内容；也可选择具有一定难度且学生感兴趣的物理问题作为课题，让学生以课题研究的形式进行探究。

（三）实践性原则

探究学习中课堂内探究的内容应是通过科学探究活动可以得到探究结论或结果的科学问题。探究结论或结果与研究变量之间具有因果关系，通过演绎推理是可以成立的，否则学生可能会陷入"提出探究假设—设计实验验证—推翻假设—重新提出假设……"的不良循环之中，不利于探究学习的进行。探究活动设计符合学生的起点水平：学生的已有知识准备和技能准备，课外探究的课题，探究计划、探究方案都应具有实践性。否则，学生进行的是盲目的探究[1]。

三、高中物理教学内容的选择范围

根据探究学习教学内容选择的依据、原则，物理知识的教学内容相当丰富，归纳起来可从以下五个方面来考虑：

（一）高中物理概念和物理规律

高中物理概念和物理规律既是课堂探究的基础，又是课堂探究的对象。在探究学习过程中，学生通过科学探究体验、感悟知识产生的原因和发展过程，掌握获取知识的过程和方法，使自己的认知结构趋于合理化和系统化。这不仅有利于

---

[1] 徐永明.指向核心素养的高中物理教学微设计[J].物理教师，2019，40（11）：24-26.

学生对物理知识的深刻把握，更有利于学生对科学探究的理解，有利于学生科学探究能力的提高。如力学中有：质点模型、速度与加速度概念、摩擦力的方向、力的合成规律、曲线运动的速度方向、决定向心力大小的因素、运动的合成与分解、功的概念、动量与冲量概念、物体平衡的条件、自由落体运动及其规律、牛顿运动定律、平抛运动及其规律、机械能守恒定律、动量定理、动量守恒定律、弹簧振子的模型、单摆模型、机械波的模型、简谐运动及其规律、波动的规律等，这些概念与规律都是适合探究学习的内容。

（二）高中物理探索性实验

高中物理探索性实验的实质是学生自主地进行高中物理实验。实验前，教师只给出实验探究要求，其他活动由学生根据教师的适时组织、引导和设计，进行高中物理探索性实验。

有课堂探究实验、学生探究分组实验及课题探究实验。课堂探究实验是为探究物理现象、物理规律而设计的课堂教学探究环节，一般是比较简单的探究实验；学生探究分组实验是为探究物理规律而设计的学生自主探究实验课，一般要求学生掌握实验原理、设计实验方案，根据设计方案进行探究，通过分析实验现象，得出实验结论；课题探究实验是开放性探究实验，学生根据课题研究方案进行实验探究，实验方案的设计、实验器材的选择、实验数据的收集、实验结果的分析完全由学生独立完成，教师仅仅起帮助者和支持者的作用，如力学中，探究平抛运动中竖直方向的运动规律属于课堂探究实验；学生到实验室探究"共点力合成的规律"属于学生探究分组实验；课题研究小组"研究影响滑动摩擦力的因素"时，小组成员通过具体的实验来探索滑动摩擦力与接触面间的压力、接触面的性质、接触面积及其他可能因素的关系，这是课题探究实验。

（三）与高中物理有关的多学科综合性问题

物理学是自然科学中的基础学科，它与化学、生物学、数学等学科的联系相当密切，在课题探究内容的选择方面可涉及其他学科与物理学相联系的综合性问题，如选取"从电冰箱到臭氧层"为主题开展课题探究，它涉及电冰箱的工作原理、氟利昂的物理性质与化学成分，氟利昂中某些物质与臭氧的作用，臭氧层与人类的关系，人类应采取的对策，无氟冰箱的制冷机理是什么等。

综合性问题的探究涉及物理学等多学科知识，这有利于培养学生的融合意识、知识整合能力和发散思维能力。

（四）高中物理知识在现实生活中的应用问题

物理学是一门密切联系实际的科学，物理知识在现代日常生活、工农业生产中有广泛的应用。因此，在课堂教学中选择现实生活中的实际问题进行物理知识应用方面的探究可激发学生学习的兴趣，培养学生的观察能力、发现问题能力和应用物理知识解决实际问题的能力，如测定自来水的电阻率、测定地球半径、测量太阳的辐射功率、测定地磁场等。

（五）高中物理知识在科学前沿中的应用问题

在物理教学中选取一些与现代科技发展的前沿问题相近的内容作为课题探究的方向，可体现中学物理学习内容的时代性，激发学生学习物理学的兴趣，开拓学生的视野，如选取以"阿尔法磁谱仪与暗物质"为主题的课题探究，通过收集相关的材料，了解阿尔法磁谱仪的原理，暗物质和它在人类认识宇宙进程中的意义；又如通过对宇宙飞船的有关资料的查阅，可以探究宇宙飞船发射和返回的物理原理、进入轨道后的运动情况、载人宇宙飞船中宇航员的超重和失重等问题。通过对这些问题的探究，不仅能起到巩固所学物理知识的目的，从而强化学生"学以致用"的意识，而且对发展学生的情感态度与价值观极为有利。

四、高中物理教学内容的设计

高中物理探究学习教学内容的设计是教师在认真分析学生的现有认知发展水平后，合理选取、组织教学内容，合理安排教学内容的表达或呈现顺序，使教学内容最有利于学生的学习。高中物理探究学习教学内容集中体现在课程标准实验教科书中，由于教科书的编排和编写要受到书面形式等因素的限制，它所呈现的知识内容和知识结构必须经过教师的重新选取、组织、加工后，才能由死的教学材料变为活的知识，才能真正切合高中物理教学的实际需要，并最终有效地内化为学生掌握的知识。因此，高中物理探究学习教学内容的设计过程是高中物理教师对物理课程的重构过程。

（一）物理概念探究——以概念的形成过程为主线

物理概念是物理学的基石，是研究物理学的起点。高中学生对物理学基本概念的正确理解是他们形成良好的物理思维品质的前提。在设计物理概念教学内容时，要突出探究物理概念形成的思维过程，内容的设计应让学生真正卷入到"思维冲突"之中，然后利用实验探究或理性探究冲破学生的思维障碍，形成清晰的物理概念。

（二）物理规律探究——以物理规律的发现或建立过程为主线

由于目前的高中物理教材，知识的结构化程度较高，又由于篇幅的限制，所以在知识的阐述与联系上，有较大的跨度，不利于学生对新知识的顺应和同化。在物理规律教学之前，教师对教学素材进行重新组织与完善，以学生原有的知识水平为起点，使知识的逻辑顺序、学生的心理顺序和教学顺序相呼应，帮助学生顺利实现知识的迁移。

例如，万有引力定律，是高一物理比较重要的一个规律。如何探究万有引力定律的发现和建立过程是建立万有引力定律的前提，可以按照"提出假说→数学推理→实验验证→合理外推"来探究牛顿发现万有引力定律的思路和过程。

教学时，通过创设情景、提出问题、引发思维冲突、提出假设，激发学生的问题意识，引发探究欲望。提出行星为什么会绕着太阳运转的假说：受到太阳的引力。接着，根据提出的假说建立物理模型进行数学推理。把行星绕太阳的运动看作匀速圆周运动，并把太阳与行星看作质点。行星运动所需要的向心力由太阳对行星的引力来提供。

教师引导学生进一步猜想该规律适用于地球和月球之间、其他的行星与其卫星之间以及地球和地面上的物体之间的引力作用。引导学生通过理想实验证明：地球和月球之间存在的引力和地球对地面物体的引力是同种性质的力。实验思路：物体的加速度既可以由动力学方法又可以由运动学方法来求。

根据月球绕地球做匀速圆周运动，由运动学知识测出月球的加速度；假设地球和月球之间存在的引力和地球对地面物体的引力是同种性质的力，可以算出月球绕地球运动的加速度，比较由引力规律算出的加速度与实际测得的加速度是否一致即可。两种方式得到的月球加速度是相同的，说明假设是正确的。地球和月球之间存在的引力和地球对地面物体的引力是同种性质的力，遵循同样的规律。至此，任何两个物体之间都存在着引力的结论呼之欲出。

（三）物理习题探究——以问题解决的思维过程为主线

物理习题的探究体现应用物理学基本知识解决实际问题的思路、方法和策略。物理习题的选择和设计应注重物理学基础知识在现代生活、现代生产、现代科技等方面的实际应用，与学生的生活密切联系起来。

在新课程背景下，教师合理选取、组织、设计科学探究的内容，合理安排教学内容的表达方式或呈现顺序，才能真正切合高中物理教学的实际需要，最大限度地发挥探究学习的教育功能，实现学生在"知识与技能、过程与方法、情感态度与价值观"三维目标上的有效变化。

第六节　紧密关联核心素养的教学步骤设计

一、分析教学背景

（一）课程标准分析

课程标准是规定某一学科的课程性质、课程目标、内容目标、实施建议的教学指导性文件，也是教师进行课堂教学设计的一个基本依据。进行教学设计之前要先研读课程标准，领会本节课教材内容在整个课程标准中的地位与作用，就不会孤立地定位教学，进而更好地把握本节课的教学目标、广度和难度等[①]。

（二）教学内容分析

教学内容分析是指对所教课题的内容进行深入和拓展分析，通常需要结合教材进行，分析章节的前后联系。在分析时，既要将该课题作为一个整体放入物理学知识体系和科技、社会应用的大框架中，从学生发展的角度分析其教学价值，又要具体分析该课题所包含的知识点及其相互联系，作为教学重点、难点的确定和设计教学过程的依据。应避免为了教学创新，而完全忽略或丢掉课本知识的现象。

（三）学生情况分析

明确学生的发展水平就是明确教学的出发点，所以必须在开始教学前就确定这个出发点。分析学情要紧密围绕教学内容进行，针对所学内容确定学生所处的初始状态，这是进行教学设计的基础。全面的学情分析包括：与课题相关的生活经验和前概念；已有的知识基础和能力发展水平；经历过的科学探究过程和掌握的物理方法；学生的兴趣和学习习惯等。如果教师在实际教学中做一个有心人，在日常观察中了解学情，在谈话中考察学情，在练习作业和考试中发现学情，与各科教师交流学情，那么对学情的定位就会非常精准。

二、确定四个层面教学目标与教学重点

教学目标是指教学中师生预期达到的学习结果和标准。确定教学目标需要依据对课程标准、教材、知识点和学情进行分析。教学目标要包含核心素养四个方

---

①高杰.加强核心素养的课堂表达提升高中物理的教学品质[J].中学物理（高中版），2020，38（2）：27—29.

面，并且用清晰规范的行为动词来表述。虽然教学中核心素养是个大整体，但是制定教学目标时一定要细化，才能在实施过程中具体落实。

教学重点和难点是学生物理学习的关键点，是进行教学设计的关键环节。教学重点是教学内容中最重要、最基本的中心内容，明确教学重点就明确了教学的逻辑主线；教学难点往往让学生难以接受，学生的初始状态和目标差异越大，对学生的认知发展要求越高，学生的学习就会越困难。在某一节课中教学的重点和难点可能相同，也可能不同。教师应选择合适教学方法与策略来突出重点、突破难点。

三、选择教学模式、策略和方法

在选择教学模式、策略和方法时，首先要根据教学目标、学生实际认知水平和教学条件确定教学模式。例如在"楞次定律"这节课中，就需要选择探究式的教学模式。

教学策略具有指示性和灵活性。教学策略的选择要从学生的初始状态入手，了解学生的思维，根据学生概念理解过程中存在什么困难和某些前概念误区，确定在什么时候、提供怎样的帮助来发展学生的科学概念。

教学方法是旨在达成教学目标而采用的办法和措施，方法是否合理决定着一堂课的优劣。在选择教学模式、策略和方法时都要面向全体学生，灵活调整。

四、利用和开发教学资源

教学资源是指有利于实现教学目标的一切因素。教师要根据选定的教学模式、策略和方法开发教学资源，可以利用已有教学资源或自行开发教学资源。教师应勤于积累、敏于发现、善于捕捉，生活中的瓶瓶罐罐皆仪器。在实际物理教学中，通常对教材实验进行改进，开发自制教具来突破教学重难点。教师一定不能忽略教材和学生，因为教材是最基本的教学资源，而学生具有无穷的创造力。

五、教学过程设计

教学过程设计包括教学思路和流程设计、具体步骤和活动设计、评价设计、板书设计。教学思路是达到教学目标的一个预设过程，可以用教学流程图表示；具体步骤和活动设计是教学的详细预案，包括教学的全部环节和每个环节中主要的师生活动；教学评价包括形成性评价和终结性评价，在教学各环节设置教师提问或练习，及时观测学生的状态，及时调整；板书应写出标题、重点知识与结论，规范清楚的板书便于学生梳理所学重难点，构建知识体系。

六、教学反思和修改

教师在教学过程中不断进行反思，每节课后根据课堂实际反馈情况修改教学设计，能检验课堂预设和效果，也有利于教师发现自己的不足，促进自身成长和专业发展。教师及时总结与反思，对教学内容和过程进行修改和完善，能更有效地促进学生全面发展。

第七节　新课改背景下高中物理教学设计与思考

一、新课改背景下高中物理教学设计

（一）教学设计的基本策略

1.做好充分的备课工作，引导学生课前预习

物理知识具有较强的抽象性、逻辑性，对学生思维能力有较高的要求。很多学生在课堂上难以及时跟上教师的脚步，导致问题越积越多，听课效果十分不理想。新课改背景下，教师要树立生本教育理念，将学生需求放在第一位，首先自己要做好充分的备课工作，在这个基础上引导学生进行课前预习。如果学生在课前认真预习新课，在课堂上就会及时跟上教师的脚步，甚至主动配合教师的教学工作，这样不仅可以提升学生的听课质量和课堂知识吸收率，还能提升物理课堂教学效率。所以，物理教师要重视学生课前预习的引导，为高效课堂的构建打好基础。

例如，在教学"功率"这节知识点之前，教师自己先吃透教材，清楚了解并掌握这节讲述的内容是什么，教学重难点以及教学目标有哪些。在这个基础上，教师再根据学生的实际情况设置前置性作业。比如，让学生课前的时候预习课文，并从家中找到五种家用电器，将这些家用电器的功率记录下来，假如每度电0.8元，计算每一种电器每个小时需要多少电费。这种贴近生活的前置性作业可以充分调动学生学习积极性，让学生全身心投入到课前预习之中，在教师讲解新课之前就能大致掌握待讲知识点[①]。

2.重视物理新课导入，调动学生主体能动性

新课导入环节的教学质量对整个课堂教学质量有着直接的影响，由于物理知识比较枯燥，加上抽象性和逻辑性比较强，所以很多学生对于物理知识的学习存

[①] 蔡千斌.指向学生学习的高中物理教学设计[J].物理教师，2015，36（10）：24-27.

在一定的抵触情绪。如果教师能够给学生设计一个有趣的开端，一开始的时候就可以将学生的注意力在吸引到课堂上，使学生全身心投入到接下来的教学活动之中，这样就为物理教学取得实效性打好牢固的基础。

例如，在讲解"平抛物体的运动"这节知识点的时候，教师不要在新课导入环节直奔主题，开门见山地告诉学生平抛运动的特点以及运动公式，而是先利用多媒体给学生展示一个熟悉的生活场景，如一群学生在操场上玩足球。教师可以让学生研究足球的运动轨迹，并让学生猜测是否可以对这一轨迹进行控制，具体应该控制哪些因素，以此激发学生的探究欲望。又如，教师可以引入一个喷泉设计的案例，让学生猜测一下如何设计才能保证喷头喷出的水不会喷到圆形水池的外围。这种熟悉的生活场景可以将学生的注意力瞬间集中起来，使学生全身心投入到教学活动之中。在好奇心的驱动下，学生会认真且积极配合教师的教学工作，这为教学过程的顺利开展与教学活动取得实效性打好牢固基础[1]。

3. 应用多元化教学方式，创建高效互动课堂

教学方式是影响课堂教学效果的重要因素之一。新课改背景下，物理教师在教学课程设计中不仅要树立生本教育理念，还要根据教学内容和学生的实际学习情况选取有效的教学方式，确保教学活动能够顺利且高效开展。一般来说，适用于高中物理课堂教学的教学方式有多媒体教学法、小组合作教学法、物理实验教学法、任务驱动教学法等多种教学方式。在课程设计中，教师要视情况而定，选择最佳的教学方式。

例如，在讲解"共点力的平衡条件"这节知识点的时候，物理教师可以选择小组合作教学法，将全班学生按照组间同质、组内异质的原则分成若干个小组，然后让学生以小组为单位展开交流，探究共点力的平衡条件。在小组内探究结束之后，教师再综合学生的研究结果，找到学生存在的共性问题，在这个基础上进行针对性教学。这样的教学方式不仅可以激发学生课堂参与积极性，还能通过探究活动深化学生对知识的理解和吸收，此外还能锻炼学生的思维能力、合作能力。又如，在教学"平抛物体的运动"这节知识点的时候，教师可以组织学生开展实践活动，探究平抛物体的运动轨迹与哪些因素有关，再通过具体的实验验证自己的猜测。这样的教学方式可以有效发挥学生的主体能动性，还可以让学生体验到物理学习的乐趣并获得成就感，从而为学生构建高效的物理课堂。

一个完整、高效的课堂，需要有先进的教学理念、有效的教学方式、丰富的教学内容等作支撑。新课改背景下，物理教师要以促进学生全面发展为导向，针

---

[1] 何新凤，刘传熙. 试论物理教学设计及其评价指标体系的研制 [J]. 教育与职业，2012（18）：182-184.

对上述几个方面进行优化和创新,在这个基础上设计完整的、有序的教学流程,充分调动学生的参与积极性,形成良好的师生、生生互动局面,促进学生对物理知识的了解、消化和吸收,从而实现物理教学效益最优化。

(二) 教学设计的优化策略

(1) 以教学目标和学情分析为基础,是物理教学优化设计的前提。作为物理教师,为什么而服务的观点必须明确。首先,心中要有总目标。新课标的总目标是:学习终身发展必备的物理基础知识和技能,学习科学探究方法,发展自主学习能力,养成良好的思维习惯,能运用物理知识和科学探究方法解决一些问题。具体到某课时,就应沿着总目标的指向,分散到具体教学中去,在课时中可以"三维目标"为要求,强调以学生为中心。学生是学习的主体,教师在教学设计和教学过程中,要确定学生的主体地位,激发学生学习的主动性,引导学生实现内在学习需求。

(2) 注重现代化手段的应用,创设情境是教学设计的关键。情境策略是新课改中的重要策略,而运用现代化手段,如电子白板等进行情境创设,更具有新课改感,而且效果明显,吸引力强,学生参与度高。学生学习新物理知识的过程就是对物理知识进行一定的意义建构,若在其熟悉的情境下,当其遇到新物理知识的时候,便更加容易理解和记忆。利用已有的物理知识和经验,即学生熟悉的情境,就容易帮助学生学得快,效果好。

(3) 引导学生合作,搭建探究学习平台是教学设计的重心。合作是新课改顺应时代需要而倡导合作意识和合作能力培养而进行的学习方式的创新,探究是为培养学生科学探究精神和品质,落实物理课堂中的科学启蒙教育而开展的一种学习方式。二者的结合都是新时代培养人才的需要。整合于教学设计中,就是为了搭建平台,让学生在课堂上有良好的锻炼时机和平台。

例如,在"探究加速度与力、质量的关系"的教学设计中,为让学生经历一次合作探究过程,构建牛顿定律的知识与控制变量方法的应用,在教学设计中,教师必须对学生的探究学习进行分析,预设的是学生经历探究的过程和体验。

(三) 优化物理教学设计的注意事项

(1) 处理好现代化手段和物理学科教学的关系。物理学科是一门以实验为基础的学科,在教学设计过程中要充分考虑物理学科自身特点,既要充分发挥现代化手段的作用,又要防止过度使用而弱化物理学科教学,更不能运用现代化手段替代实验教学,真正做到物理学科教学与交互平台的完美结合。

(2) 处理好"预设"与"生成"的关系。高效课堂是精心预设与动态生成的完美结合。教学设计时,我们既要加强预设的针对性和实效性,同时也要为"教学是一项有着灵活生成性和不可预测性的旅程"腾出时间和平台。这才有利于我们捕捉生成性资源。因此，教师在设计教学之前，应当注意适当的弹性，给课堂留以自由发展的空间。

（3）处理好"人机互动"与师生互动的关系。物理教学中，用到多媒体的时间较多，如果设计不好，很可能将教学程式化，教师不离机，手持鼠标当放映员。其实，课堂主体是师生互动。这一点，在设计时我们应充分考虑到。

二、新课改背景下高中物理教学思考

新的高中物理课程教学理念与传统教学理念不同，首先需要提高学生的积极性，而不是将物理知识枯燥地传授给学生。新课程改革就是在这样的背景下进行的。根据这一现实情况，高中物理课程改革要从以下三个方面推进：

（一）以学生为主体

在传统的教学过程中，教师是教学的主体，教师需要在黑板上板书，学生只需要对相关知识点进行机械性的学习。这就是传统教学的主要内容。但时代的发展要求学生更有自主创新的能力，所以学校要培养以学生为主体的教学形式。教师要将学生作为独立的个体进行培养，提高他们的学习能动性。在教学过程中，教师不仅要将知识传授给学生，而且要告诉学生做人的道理，让学生在融入社会时有丰富的理论知识和实践经验。传统的教学模式就是以教师为主体的知识传授，往往是强制性的，学生们只能被教师灌输课本上的知识，不能进行自主思考。在课堂上，学生没有足够的思考时间去提出问题。学生在学习过程中的主体地位得不到体现。想要改变这一传统教学的弊端，首先必须尊重学生的主体地位，让学生有时间提出自己的疑问。同时，教师要站在学生的角度思考问题，这样才能让学生得到更好的发展，提高学生学习的积极性。

（二）重视个体的差异性

在传统的教学模式中，教师通过学生的考试成绩来评定学生的学习情况。但是，教师没有意识到，学生的考试成绩无法全面展示学生的学习情况，无法体现学生的学习特点。认为学生的考试成绩决定了个体学习能力，这样的观点使得学生的学习结果参差不齐，也让教师无法开展个性化的教学，教师只能根据中等学生的学习水平来进行教学。但是从科学层面来讲，只有契合学生自身学习习惯的教学模式才能对学生学习能力的提升产生极大的帮助。所以说成绩可以看出学生的能力这一观点是片面的。

（三）教学立意上的创新

新高中物理课堂的教学立意创新具体内容是教学标准与知识技能。在高中物理课堂教学的改革过程中,不仅要关注物理学科的发展方向,还要注意物理与其他学科、生活场景之间的联系,由此做出合理的课程设计。

第一,教师要根据物理的具体知识及探究过程、探究意义和探究方法来进行课程教学的设计。以物理知识和物理探究过程为基础进行具体的物理教学。

第二,教师需要通过物理教学向学生揭示生活中的一些现象,解释大自然中的奇妙现象,并且及时拓展更多的科学热点话题与物理之间的相关联系,建立他们的物理观,从情感的角度进行物理的教学。

第三,教师需要对学生进行个性化的培养,根据不同学生的喜好,对教学内容进行合理调整,教师需要让学生有足够的时间去思考,去主动探索学习的内容,让学生进行具体的物理实验去体验物理的奇妙、通过物理模型来具体解释抽象的物理知识点,并且结合实际将物理运用到生活当中,提高学生的学习积极性。在教师的引导下,以小组的模式进行实验和交流,提高学生的自主学习能力。

第三章　核心素养背景下高中物理教学方法与模式构建

教师在培育学生物理学科核心素养时，最重要的就是转变思想观念，深入了解物理核心素养的本质，并且将其作为重要的教学指导，从而探究高效的教学方法。本章主要探讨"说课"教学在高中物理课堂上的应用、高中物理5E教学模式实施、基于核心素养的高中物理5E教学模式与策略构建、高中物理教学的学科协调匹配。

第一节　"说课"教学在高中物理课堂上的应用

在教师的专业成长过程中，现代教育教学思想、学习理论的学习固然不可缺少，在教育教学第一线的具有实战性质的操作培训同样重要，而说课就是其中一项训练教师教育教学基本功的切实有效的可操作性项目。

一、"说课"的内涵

"说课"是依照教学内容、教学对象及教学条件等主要因素，从教学理论角度阐述备课、上课等主要过程；安排教学内容与程序，选取教学方法与手段的一种教学研究形式。由于说课中不单要说出教师教什么和学生学什么，教师怎么教和学生怎么学，更要从理论角度说出教师为什么要这样教和学生为什么要这样学。所以，说课不仅能体现出一位教师的教学基本功，而且能表现出教师的教学理论水平；它不仅能促进教师的业务素质和教学理论水平的提高，而且还能增大教研容量，提高教研活动的效率。目前，说课在各层次的教研活动和教学评比中，已作为一项主要手段被教师们普遍接受和广泛采用[①]。

二、物理"说课"的基本环节

说课内容与教学内容既有联系，又有区别。一方面，课堂上许多需要学生掌握的内容，在说课中没有必要具体地述说给教师同行。因此有些教学内容并非说课内容；另一方面，有些说课内容如教学设计的教育原理阐释、成败的原因及改进意见，都是教师们一起探讨的，这些内容不一定要学生知道，即不能作为课堂教学内容。说课的内容就是教师在备课时所想和所写的内容，按其内在结构、教学方案设计的逻辑条理，可分为如下四个环节：

（一）对教材的解说

一是说教材的地位和作用：陈述教学内容在整个物理教材中的地位以及与其他章节的联系，学生在学习之前已经具备哪些相关的知识和技能，在今后的物理学习中哪些物理知识和技能的学习要以本节课的教学内容为基础或出发点。

二是说教学目的：根据教学内容对学生掌握物理科学方法和培养学生的能力、情感、态度、价值观的作用，正确、具体并切合实际地确定教学目的。

三是说教材的重点、难点：从教材形成特点、结构体系、学生的年龄特征、知识基础、认知特点及思维规律，确定出教学的重点、难点及依据。

（二）对教法的解说

从学生学习物理的规律、教材的特点和教学条件优化出教学方法；可能的情况下归纳课堂教学设计沿用的或自创的教学模式；陈述选择的教学手段及依据；导入新课的方式；新课教学以及突出重点、突破难点的具体做法；巩固新课教学的措施；利用板书和板画的设想。

（三）对学生及学法指导的解说

分析学生情况是一个重要步骤，它是分析教学的起点，决定目标体系，选择教学策略，设计教学活动，制定评价方法的重要依据。它包括：①学习者的一般特征，包括年龄、认知特点和思维规律；②学习者原有知识与技能基础。

在新课程实施的建议中，旗帜鲜明地提出"以人为本"的教育理念。具体来说，学生的自主学习将是教育教学实施新的趋势和方向。教学活动必须从"关注教师怎样教"向"关注学生怎样学"转移。所以，学法的指导在说课中是重要的

[①] 高翔，叶彩红.目前实验教学说课存在的问题与对策[J].内蒙古师范大学学报（教育科学版），2016，29（10）：107—110.

环节。学法指导一般通过分析学生在学习过程中可能出现的障碍及原因，创设相应的教学情境，了解相应的学习方法，从而保证学生在课堂教学中有效地学习。

（四）对教学程序的解说

教学程序的科学设计，对优化课堂教学结构具有重要的指导意义。说教学程序就是说出教学过程设计的逻辑条理。要求说出课题如何导入，新课怎样展开等；要求说出教学过程中教与学的双边活动和必要的调控措施；体现教学方法，重点难点的解决以及各项教学目的的实现等。一般而言，教学活动的基本环节有课题导入阶段、学习新知阶段、巩固知识阶段、反馈调整阶段和总结归纳阶段。

三、"说课"的重要特征

说课虽然和备课有着密切的联系，但说课并不等同于备课，说课更多地倾向教学设计的思路、想法，倾向课堂教学活动的管理和实施中教学准备的策略。说课中重要的是陈述为什么这样教，要求教师阐释教学设想和做法所运用的教育教学理论，说明教法选择和学法指导所依据的心理学规律、认识规律和学生的实际。好的说课的重要特征包括：

第一，突出教学理念。从说课内涵看，教学理念是整个说课的灵魂所在。没有教学理念的说课，便没了分量。

第二，诠释教学思想。从说课表达形式看，它不是教案的复述，不是对上课的预测和预演，它是在兼有上述两点的基础上，更加突出地表达授课教师在对教学任务和学情的了解和掌握情况下，对教学过程的组织和策略运用的教学思想方法。

第三，体现教学能力。从说课过程看，说课促使教师的教学研究从经验型向科研型转化，促使教师由教书匠向教学研究与实践的专家转化。因为教学思想的阐发，能够使教师明确教育教学观，展现教学设计，反思教学设计的预测或现象，提升教师的教学能力和升华教师的教学境界。而教学具有的创造性，也可体现在说课者对于教学准确而独到的见解，对于教学环节独具一格的安排，对于教学策略独具匠心的理解和独特的运用技巧。

四、"说课"在高中物理课堂的应用

"说课"是国家教育教学实施中产生的新生事物，"说课"诞生的时间不长，但已成为广大一线教师所认同的高效低耗的教学研究活动模式。我国不少地区包括少数民族地区，可能会因为地域或其他客观原因，了解和接触说课或许有所滞后，但快速发展的"说课"理论和"说课"实践已经证明"说课"能有效地提高教师的教学技能、有效地增强教师的教学研究意识。因此上述地区的教师都应该通过"说课训练",尽快地掌握"说课",提高教学研究活动的实效性,促进教师自身专业成长。

对参加培训的教师首先在训练的起始阶段要明确说课的基本环节。针对以上环节可以进一步给出一个明细的说课程序框架作为参考:

（1）教材的解说。它包括:对某章节地位与作用分析;说该章节的教学目标;说该章节教学的重点难点。

（2）解说教学方法。

（3）学生情况分析及学法指导。

（4）教学程序设计。它包括如何导入新课;如何进行新课教学;如何针对所学内容进行巩固、练习与反馈。

其次熟悉高中教学阶段常用的教学模式、基本的教学组织方式。这一阶段的训练可以仿照"微格"教学模式有针对性地对某一个或某几个环节进行强化演练,比如,就"说教材"环节中的"地位与作用分析"设立专题训练项目,用高中物理的某一单元作为素材,既训练了说课又加深了该单元物理教学内容的理解。接下来的阶段训练以3~5人为一个小组对一个共同的课题,各自创作说课方案,然后在小组内进行比较、讨论,相互借鉴、集思广益达成共识。

最后在可能的情况下,还应该到说课教研活动开展较好的地区观摩说课、说课评议的全过程。当一个教学集体的成员都掌握了说课,那么说课教研活动的氛围形成会使每一位教师都取得专业进步,从而提升学校甚至地区的教育教学水平。

第二节 高中物理5E教学模式实施

一、5E教学模式的内涵与实施

（一）5E教学模式的内涵

5E教学模式的全称是5E学习环教学模式,该模式强调以学生为中心并通过调查实验来解决问题,强调通过小组学习的方式来促进学生对知识的建构和概念的理解。起初学习环模式包括三个阶段:探索、创新和发现。修改后,这些阶段被描述为三个阶段:概念探索、概念定义和概念应用。学习环教学模式在许多自然科学学科,特别是生物学中具有良好的实践教学。尽管这些模式看似多种多样,但实际上它们都有一个共同的环节和特征,这就是学习环模式的发展和应用。学习环模式与当前的教育教学观念更加吻合,因此研究学习环模式具有重要意义。

人们将学习环模式发展为5E教学模式的原因主要有三点：首先，由于认知心理学的发展，人们对学生心理的掌握和应用能力得到了增强；其次，社会的发展对学生提出了新的要求，因此学生的观点和教学观需要不断更新，这促使研究者的注意力发生了变化，需要一种更加实用的教学模式；最后，教师对教学模式的运用也促进了学习环教学模式的发展。因此，5E模式就应运而生了。

5E教学模式分为五个学习阶段：参与（Engagement）、探究（Exploration）、解释（Explanation）、详细说明（Elaboration）和评价（Evaluation）。由于这五个环节的单词都是以"E"开头，所以被称为5E教学模式[①]。

（二）5E教学模式的实施环节

完整的5E教学模式应该有五个实施阶段，由于它是基于学习环的教学模式，因此具有每个环节都相互联系的特点。这五个环节是在学习环模式的基础上发展起来的，但与学习环模式相比，5E教学模式的五个环节更加容易在课堂操作和具体实施，使学习环模式更加容易应用到教学实践中。

作为学习环教学模式的发展，5E模式必须包含学习环模式中的重要元素，这也是每个学习环模式的主要环节，即探究、解释和详细说明。这是5E教学模式的重要组成部分，也是最能体现实施过程中学习环模式的主要环节。

5E教学模式的每个环节都构成了一个相互促进的学习循环，而且评价在其他四个环节中都发挥着重要作用。

（1）参与（Engagement）。"参与"是指学生在与教师和同伴互动产生知识的真实情境中学习和建构新知识。在这一部分教师需要通过创设恰当的情境和设计一些引入活动来吸引学生的注意力，其中一些应该与当前时代普遍接受的新经验相一致，而另一些则不一致。通过参加这些活动，既可以激发他们的学习动机和学习需求，又可以调动他们的原有知识并激发他们的思维。因此，在"参与"环节，教师应尽量引起学生的认知冲突，使学生能够吸收或适应新知识，形成新的认知结构。

（2）探究（Exploration）。"探究"是整个教学模式的核心，它完成了知识、技能和技巧的掌握。在这一环节中，教师可以引导学生在参与阶段根据情境或认知冲突进行小组合作和探究，给学生时间去计划、调查、组织和思考收集到的有用信息，从而使学生获得丰富的感性认识进而获得新知。

（3）解释（Explanation）。"解释"环节是一个过程，在该过程中，学生将自己的探究学习进行抽象和理论化，然后将其转变为可用于交流的形式。通过自主

---

① 蔡千斌.基于学生学习路径的高中物理教学模式[J].物理教师，2017, 38（6）：19-22.

探索，学生的理解应该清晰明了。教师应鼓励学生通过运用自己的语言解释他们所看到的物理概念或含义，鼓励学生彼此交流想法，并学会倾听他人的意见。

（4）详细说明（Elaboration）。这个环节主要包括两个方面：一是扩大学生的知识范围；二是让学生学会运用所学知识。这是一个让学生学习越来越精练的过程。知识面的拓宽意味着学生所获得的知识应该是水平开放的、纵向开放的。开放在水平方向上主要是指知识可以与其他学科相互渗透，纵向方向的开放指的是学生可以在原始知识的基础上学习新经验，有利于将来学习更高层次的知识。

（5）评价（Evaluation）。这一阶段是5E教学模式的重要组成部分，评价参与整个教学模式的各个环节之中。5E教学模式提倡教师注重教学过程评价和学生发展性评价，让教师通过评价环节去了解和反思自己的教学过程，了解学生的学习成果。同时教师应鼓励和引导学生自己进行评价，去评价他们的认知方式和认知结果。

二、5E教学模式的教学过程

5E教学模式的教学过程具体见表3-1[1]。

表3-1　教学过程

5个阶段	教师行为	学生行为
参与	激发兴趣； 引发好奇心； 提出问题； 通过问题了解学生思考了什么	问问题。比如"我从中学到了什么"或者"我发现了什么问题"； 对于知识产生了兴趣
探究	让学生自主合作探究； 观察学生讨论情况； 适当的指导	自由思考与讨论； 预言和假设； 得出结果
解释	让学生通过讨论用自己的语言解释学到的概念； 要求学生给出他的证明； 教师给出正确的定义并解释； 通过学生的已有经验解释概念	解释自己的结果或其他人的结果； 倾听和质疑他人的解释； 理解教师提供的解释； 记录解释的结果

[1] 本节图表均来自：张雪，张静.基于物理观念建构的5E教学模式研究——以新教材"超重与失重"为例[J].物理教师，2020，41（6）：7-10.

续表

5个阶段	教师行为	学生行为
详细说明	进一步让学生运用正规的语言定义以前的解释； 鼓励学生扩展概念； 向学生提问	重新定义自己的解释； 通过原有结果提出问题； 提出解决方案，设计实验； 得出新的结论； 小组合作讨论
评价	学生应用新的概念时关注学生； 观察学生已经改变了的思维； 让学生自己评价他们学习的过程； 问一些开放性的问题	通过观察的结果、证据提出一些开放性的问题； 自己表达对概念理解的结果； 评估自己学到的知识和进步； 提出一些后续研究的问题

三、核心素养下的5E教学在物理教学中的应用价值

5E教学模式之所以能够在国外广泛应用到实际教学中，其自身还是有很多优势和价值的，基于核心素养下的5E教学可以概括出以下五个方面：

（一）帮助学生建构认知结构

5E教学模式是一种尊重学生的认知规律并重视其认知结构的教学模式。学生学不好物理有很多原因，很多学生把问题归结于物理太难了，他们无法理解物理的概念以及他们不会运用所学知识解决物理问题。其实这是学生对物理知识的认知结构存在问题，首先，他们头脑中的物理知识根本就不够，所以无法解决实际问题；其次，在学习物理时，学生没有及时地总结和梳理物理知识，没有在头脑中形成一个完整的体系；最后，在不断地积累之下，学生感觉物理越来越难，也就越来越无法解决实际问题了。5E教学模式对教师提出了新的要求，它要求教师通过本节课要学习的内容精心地设计教学方式与策略、教学步骤和流程。首先是"参与"环节，教师需要创建吸引学生学习的丰富的物理情境，从而让学生在学习的过程中获得新的知识；其次是"探究"和"解释"环节，这两个环节既独立又相互依存，学生在探究的过程中既要解释他们的想法，还要自己去独立地思考自己的探究过程和解释过程，把分散的知识不断地聚集起来；最后是"详细说明"环节，通过让学生自主地去思考，大胆的发散自己的思维，让学生的知识体系再次牢固和更加完善。学生在以后的生活中可以在具体情境下运用自己所学知识，以构建良好的物理认知结构。

(二）培养学生的主体地位

传统教学在教学过程中不注重学生的主体地位，主要是以教师教授为主，学生以听课为主。这种方式不利于学生在学习中发挥自己的主观能动性。他们的学习应该是一个自己发现知识、主动去认知和探究的过程。在5E教学模式的每个环节中，学生都是学习的主体，教师的作用就是去帮助学生学习，让学生在探究问题时独立思考问题和发现问题，如果解决不了，让他们小组讨论，进一步深化他们的知识；只要是学生自己能够解决的问题，绝不要着急地给他们提出来，充分体现以学生为中心的教育理念。例如，在课堂教学活动中"物体下落的规律""物体下落的影响因素"等核心知识，都应该是学生通过自主思考、探究、讨论和总结而获得的，体现学生在学习过程中的主人翁地位。

(三）帮助学生突破前概念的干扰

在教学过程中，教师应该重视学生的前概念。通过学生的前概念再去培养学生构建自己的知识体系。学生的前概念就是指学生已经有了的知识和经验，这是学生在之后的学习中构建新的概念的重要保障。如果教师对学生的前概念不够掌握，将会对学生之后的新知的学习产生很大的影响。例如，在讲解"伽利略对落体运动的研究"的时候，先让学生观察生活中常见的现象：从五楼释放两个大小相同的铁球和木球，铁球先落地；让一块橡皮擦和一张纸从同一高度下落，橡皮擦先落地。进而引发学生思考，上述现象有什么共同特征。学生根据以往的经验以及列举现象的表象很容易得出错误的概念：同一高度下落，重的物体下落得快。最后通过对学生"重的物体下落得快"的反驳创造强烈的认知冲突，激发学生的探索求知的欲望，在这种情况下，学生才能学习到更多的知识。

(四）提升学生的科学探究能力

5E教学模式在教学过程中，让学生自主探究和合作探究，这个过程可以培养学生的探究能力。教师在教学过程中应该让学生通过教学活动不断地去感受科学探究的步骤和过程，不断提升他们的探究能力。而且在学校有很多科学技术的活动，应该让学生积极地去参与，并且让他们在参加的过程中不断地运用科学研究方法，在探究的过程中保持热情和参与的兴趣，通过自己的收获从而获得满足和成就感。不仅提高了学生的科学探究能力，而且可以帮助他们通过所学的知识解决生活中的实际问题。

(五）促进评价方法的应用

我们国家目前还是以应试教育为主，因此我们采用的教学方式的主要目的还是去提高学生的学习成绩，这也直接导致我们国家很多学校采用的评价方式是单一线性的标准化测试。5E教学模式重视学生的长期发展，它强调学生在长期发展过程中的各方面的评价。在教学过程中我们可以对学生的学习兴趣、在学习过程中的效果以及学习结果定性的评价，增强学生的自信心。这是对学生学习的综合评价，而不是单一地去评价学生的学业成绩。学生的发展评价是为了培养学生个性发展、思维能力和质疑能力。无论是教学过程中的评价还是学生发展的评价，5E教学模式都注重评价主体的发展性和评价方式的多样化。

第三节 基于核心素养的高中物理5E教学模式与策略构建

一、"参与"环节的教学模式与策略

参与环节作为5E教学模式的开始环节，它负责激发学生的学习兴趣和探究欲望等任务。"参与"环节最重要的部分是创设问题情境，使学生在知识上产生认知冲突，从而使新知识与学生原本错误的前概念进行碰撞，进而激发学生的学习兴趣。这里的问题情境不应单调无趣，而应与学生的现实生活密切联系，激发对问题的好奇心，积极地去构建知识。此外，教师还能够通过给学生讲解物理学史、演示实验等多种方法使之产生探究的意愿。

（一）创设问题情境，引发认知冲突

有些教师在参与环节往往会走一些弯路，他们在备课的时候会去想一些有趣的引课方式来吸引学生进入课堂学习，但是这种方式会浪费大量的时间，而且当学生真正地进入课堂环节时，这些新颖的情境就被学生全部忘记了，学生的学习兴趣也就消失得差不多了，在课堂的学习和表现中也达不到教师的初衷，他们也不能积极地参与到课堂探究活动当中。在高中物理教学中，情境的创建是基于对学生的前概念的充分了解，教师有目的和有方向地提出和本节课有关的问题，触发学生本节课学习的新概念与前概念之间的认知冲突，从而激发学生探索本节课问题的欲望，为5E教学模式的探究环节做好准备并顺利地进行接下来的环节。教师创设恰当的问题情境既能快速吸引学生的注意力，又能引发学生的学习兴趣；让教学过程中的每个环节都能够使教师和学生共同参与。这个过程可以将学生短期兴趣转化为长期学习动机，改善他们的认知动力，促进他们的主动学习和有意义的知识概念建构。

（二）注重联系生活实际

长期以来，一些教师往往倾向更加重视物理知识体系的建立，强调体系的严谨性和系统性。在教学方面，他们仅限于物理概念的记忆，无法将其与学生的现

实生活联系起来，学生在以后很难解决现实生活中与物理相关的问题。学生原有的前概念是以其自身的生活经验为基础的，在成长的过程中，他们通过实践逐渐形成了对客观世界的认识，并有了自己的思想。这些概念已经根植于他们的思想中，并且已经存在了很长时间。因此，教师在引入概念时不应该忽视这些影响因素，创设情境时应将物理知识与学生的现实生活紧密相连，从而提高学生的学习积极性，逐步提高学生的物理核心素养[1]。

（三）通过物理学史进行辅助教学

教师应更加注意每节课中所蕴含的物理学史的内容。其实学生的前概念也与科学家非常相似，科学家在探索科学的过程也就是在实践中产生的新概念与前概念不同的认知冲突和碰撞，逐步完成替代更新，并不断地完善物理知识体系。这就要求教师在每节课的教学过程中必须善于发掘与其相关的物理学史内容，根据学生的接受能力和认知范围，合理地选择能够帮助学生学习的内容，课堂上教师应该组织好学习活动来促进学生的学习，不断地抛给学生问题，让学生去思考如何解决。通过物理学史的内容让学生能够体验到科学家的思维和他们的探究过程，这样将会提高学生的核心素养，让学生懂得热爱生活、热爱科学的人生态度。

（四）演示实验激发学生兴趣

物理学是一门基于实验的学科，演示实验具有许多优点，例如真实和直观等。在教学中，通过演示实验很快就能集中自己的注意力，并且有趣的演示实验能够吸引学生的兴趣，学生都喜欢自己动手操作实验。学生在学习物理时，实验能够让学生很快地发现问题和解决问题，可以说，若没有实验，学生头脑建立起来的概念、原理等就失去了基础，学生根本无法深刻地记忆和理解。对于教师来说，为了更好地让学生掌握物理知识，在实验的设计上应该投入心血，让学生享受实验的乐趣，享受物理课堂，为之后进一步地深入探究打下良好的基础。

二、"探究"环节的教学模式与策略

探究是5E教学模式的中心环节，在此环节中，教师应引导学生根据参与环节中产生的认知冲突让学生进行自主探究。教师要转换自己的角色，保持学生的主体地位，自己是探究的主导者和学生的帮助者。这些问题教师不能直接给学生提出来，而是在课堂中观察和引导学生自己感觉本节课中存在的问题，让学生主动提出问题并进行探究。然后根据该节课探究问题的需要，给学生准备好需要的学习材料和实验器材等。学生自己通过主动探究后，就会逐渐暴露出错误的概念以

---

[1] 王昕煜. 我国高中物理教学现状及其进阶研究 [J]. 科技经济导刊, 2016 (6): 172.

及他们在探究过程中用到的方法等,对接下来形成自己的概念有重要的帮助。

(一) 创设情境,引导问题

提出问题是探究学习过程中的第一步,也是概念建构的第一步。学生在课堂的学习中能否提出和发现一个有用的问题是学生对知识产生兴趣的重要因素。

所以这就对教师提出了要求,教师在课堂教学中创设情境时要善于引导学生发现问题,每个学生因为家庭环境、生活中的经验不同,他们对任何事情的前概念也就差别巨大。所以教师在课堂教学时一定要考虑到这些外部因素,把学生放在教学的主体地位,通过了解这些外部因素来培养他们自主学习、发现问题的品质,鼓励他们提出自己的看法,让他们自己时刻拥有对任何事物的判断和想法。这样,学生在问题意识的驱动下,课堂上的探究活动才会不断深入,学生概念的建构也由此不断加深。

(二) 解决学生需要,引导探究活动

学生提出问题后,接下来就应该引导学生如何去解决这个问题,伽利略对落体运动的研究的方法就给了我们很好的指引。首先,通过提出的问题让学生做出假设,这个假设应该是有依据和符合我们的生活经验,不能胡乱地做出假设。接下来学生就要对自己提出的假设进行验证,验证的过程中肯定需要一些学习材料和实验器材等。教师根据该节课探究问题的需要,给学生准备好需要的学习材料和实验器材。学生得出自己的结果,通过小组讨论之后,教师应该及时地分析学生结果中存在的问题,进一步引导学生分析结果中存在的相关联系,最终让学生对概念达到深刻的认识和理解。而学生在实验的过程中,如何根据自己做出的假设,合理地设计实验方案并得到实验结果,这就要求学生积极主动地参与到实验中,并且要认真地探究自己的问题,可能会出现一些自己解决不了的困难,教师在这个时候就能够发挥他的引导作用了,针对学生出现的问题,引导学生深入分析,并鼓励他和同学多讨论,如果还是无法解决,及时地帮助学生分析并给出解决方案。让学生体会到探究过程中的成功的喜悦,也要发现自己的不足之处。

(三) 转换角色,引导学习

学生在传统的教学中就是在被动地接受,教师给学生讲什么内容,学生就听什么,也不会去思考教师说的对不对,自己是怎么想的,然后不停地做笔记,只是被动地接受课本上的知识概念、理论和结论。教师在教学过程中完全起主导作用,教师就是教学的主体,而学生变成了教学活动的次要人物。对于教师所讲的这些内容学生根本不知道它的实际含义,只是了解了知识的皮毛,根本不知道如何去应用这些知识解决实际问题。而且不利于学生知识的建构和新知识的生成。

教师在教学过程中要不断地转换自己的角色,成为学生学习的帮助者和引导

者。他们在课堂中出现了问题，教师就应该指出他们的问题，并且引导他们主动探究问题，从探究中找到自己的问题所在，然后在小组讨论中发表自己的看法，让他们做课堂的主人，共同进步。通过课堂教学发现问题，自己提出问题，从而分析问题并去和同伴合作解决问题，达到知识和概念构建的目的，增强他们的主观能动性，培养他们的物理学科核心素养。

三、"解释"环节的教学模式与策略

解释环节是5E教学模式的关键环节，学生通过探究在头脑中已经形成了基础的认识，教师应该通过多种方式让学生表达出自己的观点，接着，教师再对学生形成的观点给予合理的纠正和解释，这种解释和纠正是符合逻辑的，是建立在旧知的基础上的，这一过程教师可以借助多媒体软件进行。

（一）通过探究表达对概念的理解

通过上一个探究环节，学生已经形成了自己的认知，他们对于探究所得的结果在头脑中已经形成，但是不同的学生所得的结果和认知是不一样的，因为学生作为个体具有差异性，教师在这一环节中应该充分考虑不同的学生的差异，教师应该通过口头语言或者眼神等肢体语言的交流来鼓励学生，肯定学生，让他们敢于表达、敢于表现，这样既能帮助学生理解新知，又能充分体现上一环节的教学效果。

（二）通过已有经验解释相关概念

学生在探究中得出自己对所学概念的理解，并且也将自己的"所得"表达出来，但是学生所获得的理解并不一定就是正确无误的，这时就需要教师去解释和纠正，这样的解释和纠正不是突兀的，而是在学生所学知识的基础上进行的，或者是在前一探究过程中自然而然得出，让学生不再处于模棱两可的状态，能够形成科学的、正确的概念和知识体系。

（三）通过视频、多媒体软件辅助讲解

当教师在讲解新概念时，由于物理学科的概念具有抽象性，教师的口头讲解不能让学生理解，这时需要借助多媒体来辅助教学，物理的很多概念是从现实生活抽象出来的，在我们实际生活中是有据可依的，因此通过视频或者动画的方式同时与具体实例相结合，这样不仅能引发学生学习的兴趣，使得学生对于新知的理解更加深入，而且让学生感受到物理学科与实际生活联系的紧密性。

四、"详细说明"环节的教学模式与策略

详细说明环节指的是在解释环节之后师生对物理知识、概念进行升华和深化。

此时，教师应该采取多种方法，引导学生理解概念的内涵，深度剖析概念，并且对类似概念进行辨别和联系，使得学生形成完整的知识结构体系。

（一）剖析物理概念以深入理解

对于物理概念的理解绝不仅仅局限于字面意义的，而是对其每一个关键点、关键词进行深度的剖析，教师应该引导学生体会知识的本质，准确地把握知识的核心，任何一个概念都有其内涵和外延，内涵指的是概念的本质属性，外延指的是概念的从属关系、分类标准等。只有厘清知识之间的层次关系，才能很好地构建物理学科知识体系，提高学生的物理素养。

（二）创建不同情境以区别相关概念

物理学科中所涉及的概念是极其繁杂的，很多概念之间具有相似之处。如果学生不能很清晰地认识到不同概念之间的区别与联系，那么学生头脑中对于知识的把握仍是混淆不清的，因此，在教学中教师应该让学生明确知识之间的层次关系，明确该知识点是属于上位学习还是下位学习，明确不同情境下应该运用哪个知识点才能解决问题。

（三）激励学生拓展和运用概念

物理知识是极具实用性的，物理是与我们生活密切相关的一门学科，对于物理知识的学习不应仅仅停留在理论层面，更应该去应用和拓展，学生在学习物理知识时，在领会了物理概念、定义、公式等后，不应该局限于一种情境，教师应该去创立不同的情境，引导学生应用于其中，将物理知识"活学活用"。这不仅仅培养学生的应用能力，也深化物理知识的发展。

五、"评价"环节的教学模式与策略

评价指的是对学生知识掌握程度、应用情况的检测。评价不是简单的课后作业或者测试，它是多元的，它应贯穿于教学过程始终，教师可以采用不同的方式进行评价，比如提问、练习，也可以是学生之间的评价，学生自己对自己的评价等，评价的内容也不仅仅局限于知识点，也可以是态度情感类的。

（一）多种评价方式，关注学生主体

一直以来，课堂评价中教师是评价者，学生是被评价者，从而忽略了学生的参与度，评价也应该是学生对于自己的评价，同学之间的互评。5E教学模式是以探究式教学为基础发展而来的，更加关注学生的感受和体验，关注学生的情感和态度，关注学生的参与程度、获得程度等。学生自评指的是该生对于自己在课堂学习中表现的满意程度，这个指标是多样的，比如，积极性、兴趣、参与度、

学习收获等，这个评价是阶段性的评价。学生互评指的是对于学习同伴在课堂中的表现的评价。这两种评价都是过程性评价，主要目的是加强学生对自己的关注度，互评有利于学生之间的交流与合作，通过他人更加正确和清晰地认识自己。因此，在评价环节，应该采用多种评价方式相结合的评价方法，突出体现以学生为主体的教育理念。

（二）建立多元评价指标体系

评价的内容和指标是多元的，主要有积极性、参与度、学习态度、兴趣、学习成绩等。长期以来，对于学生的评价都仅仅局限于学习成绩上，甚至将学习成绩作为唯一的评价指标，这样的评价体系是不健全的、片面的。学生具有差异性，每个学生的个性都是不同的，我们应该强调学生在学习知识的同时能够成长为一个健康的、全面的以及具有个性的人。所以教师可以通过小组实验操作检核表、实验报告、讨论结果的展示等方式来评价学生。这样才能更好地促进学生的发展和成长，才能培养学生的物理核心素养。

第四节　高中物理教学的学科协调匹配

"物理难教""物理难学"似乎是困扰普通高中物理教学多年的难题。探讨高中物理教学策略，对"物理难教""物理难学"这样的问题的思考，对解决这个问题的勇敢的尝试自然成为无法回避的一个话题[①]。

一、语文、数学对物理学习的作用

高中物理学习的过程，是一个综合程度较高的过程，对语文、数学等学科与物理教学间提出了协调教学的要求。数学学科、语文学科对物理学习影响明显，尤其数学学科对物理的学习影响显著并且作用持久。

语文学科对物理学习的影响可理解为文字语言的作用。从心理学的角度来表述，语言是人类有别于其他动物的"第二信号系统"。在物理概念的形成过程中，在物理规律的理解掌握过程中，在物理解题中"审题"成为"老大难"的环节中，都能深切地体会到文字语言的作用，所以说，文字语言是理解的开始，是问题解决中了解信息的重要途径。学好语文，拥有良好的阅读能力有助于物理课尤其是高中物理课的学习。

例如，利用对文字语言的良好把握突破楞次定律的难点。楞次定律的内容是

---

① 邝婷.STSE教育在高中物理教学中的运用初探［J］.教育导刊（上半月），2014（11）：87-89.

感应电流的方向总是要使感应电流的磁场阻碍引起感应电流的磁通量的变化。楞次定律的理解始终是高中学生学习电应部分的一个难点，分析其困难之所在正是定律内容的文字语言："阻碍"两字是楞次定律的核心，那么，怎样准确定位两字的含义呢？"阻碍"是指阻碍原磁场的磁通量的变化，由于这种阻碍作用使原磁场缓变，而不感应电流的磁场一定与原磁场方向相反。若穿过闭合回路的磁通量增加，则感应电流的磁场就要阻碍这一增加，其方向与原磁场方向相反；若穿过闭合回路的磁通量减小，则感应电流的磁场就要阻碍这一减小，其方向与原磁场方向相同。以上规律可简单概括为"增反减同"。可见，在物理概念的形成过程中，文字的复述，意义的再现，直至完全内化为学习者自己的语言。也就是说，不管学习者最终是将楞次定律简化为"减同增反"，还是"增反减同"，或者其他表述，这其实就是学习者对楞次定律的自我建构。而这是新课程理念在物理学习中具体体现的一个细节。

数学学习和物理学习的关系较之语文学科和物理学科的关系更为密切，如果说语文学习有助于物理学习，更多的似乎是语文为物理学习提供了文字语言工具，物理对语文学习帮助并不大；数学除了为物理学习提供符号语言工具外，物理学中的具体问题也能激发数学的发展，也就是说，数学学习和物理学习之间的作用是双向的[1]。

二、物理教学中"数理匹配"的概念与方法

（一）物理教学中数理匹配的概念

数学与物理学是一对形影不离的亲密伙伴，对于物理学而言，首先，数学是表达物理概念、定律简明的语言工具。物理学中许多严格的定义，是采用数学这个横断学科的表达式建立起来的。一个物理过程和定律的叙述，往往由若干个物理概念按一定的关系和方式联合起来完成。这一定的关系，就是指各物理概念之间的内在联系；而一定的方式，就是指把各物理量之间的数量关系，用数学等式或不等式表达出来，数学表达式，以至于图像、表格等都可以作为物理学的语言。

其次，数学为物理学提供了计量和计算工具，没有对物理量变化的定量分析，就谈不上掌握它变化的规律。时至今日，数学的一切成就，几乎全都被物理学家应用上了，数学为物理提供的计量和计算方法也越来越丰富、有效。

最后，数学是进行抽象思维、逻辑推理的有力工具。数学所使用的一切归纳与演绎、分类与比较、分析与综合等逻辑方法，在物理教学中也得到了充分应用。

---

[1]任虎虎.基于大概念的高中物理单元逆向教学研究[J].基础教育课程，2020（8）：62—68.

同时，物理学提出的一系列问题，不止一次地推动了数学的发展。所以，物理学与数学始终相得益彰，共同发展。物理学与数学这种互相适应，互相配合的密切关系用"匹配"一词来概括非常适宜。

数学对物理学习的影响尤为显著。高中物理学习和数学学习能否超越学科间协调教学，成为更紧密的课程系统。解决"物理难教""物理难学"的问题，以前的研究大多就物理学科内部进行思考、探索，有研究者基于课程整体化、综合化的发展趋势以及系统论的观点，提出了一个新的研究思路，继承和发展了查有梁先生提出的"数理匹配"的概念，即把数学、物理学科看成课程结构中的一个系统。开设的多门学科课程是为了学生的全面发展，而不是让他们用孤立的学科视野去认识面对的自然和社会。学生们通过学习物理学会观察、感知、体验物质世界，数学则提供量化和符号化的支持；另外，现代的数学教学通过让学生对具体问题的解决来学习数学。在这里，具体的物理问题或其他问题，又相应地成为建构数学概念的工具和客观基础，显然学科的工具性和运用性已经超越了旧观念下的学科属性，也充分体现了"数理匹配"使物理学习和数学学习相得益彰。教学中的统合意识以及潜在的"数理匹配"课程的开发能够很好地完成培养学生的全方位的素养，从而使学生全面协调地发展[1]。

从哲学方法论的角度来看，"数理匹配"就是物理学习和数学学习之间的相互适应、相互作用和相互融合。

"数理匹配"首先是一种观念、一种意识形态，其次才是具体的操作方法和实施过程。

在中学物理教学中，"数理匹配"可以体现在教师选择、补充和重组教材内容，设计教学方案，实施课堂教学，评测教学效果中；"数理匹配"体现在学习者获得知识与技能的同时建构自己的有效的学习方法，经历正常的情感体验和形成正确的学习态度和价值观；"数理匹配"还具体体现在物理概念的建构，物理定理、定律的理解和把握，物理问题的解决过程中，可以说是"一以贯之"。

物理之所以成为运用数学工具最为成功的一门学科，是因为几乎所有的物理概念和物理定律都可以通过量化的方法用数学公式来描述。在建立概念、确立定理定律、构造物理模型或数学模型、学科的思维方法以及学科的公理化体系等诸多方面都体会和领悟到物理学科和数学学科的类似性、同构性和同一性。依据类似性、同构性和同一性，能充分整合中学物理和数学中相关的知识、符号、图像、思维方法，使之相互作用、相互融合、相互匹配。

---

[1]徐卫兵.高中物理教学中渗透数学思想方法的教学策略[J].物理教师，2016, 37 (1): 11-13.

"数理匹配"对于课程开发、课程建设,对于具体的中学物理教学过程具备启发意义并提供可操作性的建议。相信对"数理匹配"的上述作用和价值进一步地研究,可以提高学科教学的效率,实现高中学科分科教学又整体育人的目标。

在高中物理教学实践中,可以探讨数学知识作为物理学学习的工具的可行性,探讨数学概念、符号对于物理概念的形成的重要性,并且以外显的形式来探索物理知识和数学知识在时间上和内容上的相互匹配的可操作性。

(二) 物理教学中处理好数理匹配的方法

物理离不开数学,数学在物理中无处不在。学生感到物理专业知识难学的一个重要原因,是教师在教学中没有处理好数理结合及数理匹配。在物理专业基础知识的教学中,教师最容易犯的一个错误,就是把重点放在以数学为工具进行的推导、计算及运用数学解题的技巧上。要处理好物理教学中的数理匹配,实现物理教学目标,必须做好以下几点:

(1) 随时考查学生的数学知识,保证数理匹配的基础关系。在物理学习中若缺乏相应的数学知识,不仅会影响对概念、规律的理解与掌握,而且更会影响到物理知识的应用,因此,在讲授一部分物理知识之前,安排一定的时间考查学生的数学知识,了解他们是否具备了学习这些物理知识的数学基础。若不具备,即出现数学与物理脱节的现象,若教学中必不可免,则需要拿出点时间,提纲挈领地补充所需数学知识的要点,保证数理匹配的基础关系。如在力学教学中,必须考虑学生对极限、导数、积分等数学知识的掌握情况。

(2) 准确应用数学语言,把数学融入物理,加强数理匹配之间的内在关系。基础物理知识内容的表达有两种语言形式:文字语言与数学语言,概念、规律、物理事物的因果关系、物理问题的演算等除了文字叙述外,主要通过数学符号、式子及其推演和几何图像等数学语言来表达。因此,只有将数学与物理紧密融为一体,才能达到对物理知识的真正理解与应用。在教学中,做到准确应用数学语言,将数学融入物理,使数学很好地为物理服务,具体方法是:①使学生在弄清文字表述、公式表述、图像表述等关系的基础上,引导学生应用语言思维、表达、推理和论证,尽早实现从运用文字语言到运用数学语言的转变;②在原理及公式推导、问题解答和运算过程中,力求用正确的数学语言和规范的数学推导来充实讲解;③从物理实验抽象出数学形式,引导学生把物理概念上升到数学概念,最终转变为物理思想;④引导学生准确应用数学知识,形成解题策略,顺利完成从孤立地记忆理解知识到可灵活应用的认知结构的转变,强化数理匹配的内在关系。

(3) 突出物理对数学的约束条件,使数学知识物理化。物理公式、概念定义等是反映相关物理量之间关系的数学表达式,都是经过理想化处理的,都有明确的物理内涵和成立条件，单从纯数学的角度理解和使用物理概念及规律，思考和处理问题，将会造成障碍，具体表现在：将数学函数关系与物理公式，特别是概念的定义式简单的对应起来；只考虑数学运算，任意扩大物理规律的应用范围，无视物理规律的适用条件；将根据数学方程计算出来的数学结论与物理结论完全等同起来，忽视对结论中物理意义的讨论；轻视因果关系，随意使用数学工具推导出荒谬结论，造成了对物理规律的错误理解等。因此，要使学生在了解数学表达式的基础上，明确其物理意义，掌握物理量之间的关系，搞清各物理量的真正含义，而不能从纯数学的角度加以理解，把物理公式当作一般的数学公式来认识。

（4）注重方法教学，使学生掌握数学方法和以数学为工具的思维方法，加强对数学能力的培养，促进对物理知识的掌握，做好数理匹配间的协调关系。科学的方法是解决科学问题的手段，是物理学与专业知识发展的灵魂，是从知识学习到能力发展的中间环节，是沟通知识和能力的桥梁，离开了科学方法，物理学将寸步难行。物理学中与数学有关的科学方法有"数学方法"、以数学为工具的"数学抽象"、数学相似类比及"数理演绎"等思维方法。

在教学中应注意：①向学生揭示所隐含所使用的方法，即扩展教学，强化方法意识；②展现方法应用的过程、技巧，渗透方法应用的教学指导，并引导学生自觉挖掘教材中的这些方法，加以掌握；③在建立新概念、解决新问题中，不断地巩固、深化方法教学。学生掌握了数学知识，不等于有了在物理中运用这一知识的能力。

在物理教学中，应使学生具备和培养的能力有：①物理问题转化为数学问题的能力。通过对物理现象、物理过程及典型实验的分析，找出影响问题的各类因素间的数量关系，建立起解决物理问题的数学形式、函数关系、函数图像等；②运用数学工具进行推理运算的能力。在概念、规律建立和应用时，学生要有永远具备运用和驾驭必要的数学工具的技能与技巧；③物理估算能力。根据一定的物理模型和生产、生活实际中有关物理量的数量级，对问题的结果进行大致推算的能力；④给数学公式和数学运算结果赋予物理意义的能力；⑤数形结合的能力。对既可用数学式也可用图形式来表达的物理知识，能灵活转变及应用，并且结合这两种形式在解决物理问题时发现最佳解决途径和表达方式。

（5）根据物理教学的要求，把握好数学应用的"度"。物理离不开数学，但数学毕竟是一种辅助工具和表现方法，要正确理解物理世界，还得靠物理学本身，基础物理课不能纯数学化，在基础物理教学中，处理好数学与物理的关系应当是以数学服务于物理为原则，既要重视数理结合，借用数学方法，应用数学工具，又不能"以数代理"，喧宾夺主，以防目的与手段颠倒，出现数学冲击物理甚至淹没物理实质的现象，影响学生数理知识结构的平衡。

第四章 核心素养背景下高中物理目标教学与策略

发展学生的核心素养是当前高中物理教学的重要方向与要求。本章从高中物理教学中目标教学的实施、高中物理概念与规律的教学策略、高中物理的实验教学策略、高中物理教学的思想方法与问题解决教学策略四个方面进行讨论。

第一节 高中物理教学中目标教学的实施

一、目标导向教学

（一）目标的选择和确定

教学目标是学习结果的预期，同时也是教育评价的主要依据，所以如何准确地提出教学目标就显得非常重要，可根据加涅学习结果分类提出课堂教学目标。教学目标的选择要考虑以下三个方面的问题：

第一，目标的选择，要贴合实际，尽量根据学生的实际水平确定教学目标，能为大多数学生的能力所接受，尽量能在一个阶段的学习时间内完成。这样会使学生感到学有所用，并能激发学生的学习兴趣和求知欲。

第二，目标的确定，要体现新课程的三维目标，着眼于学生可持续发展能力的培养，跳出知识与技能的框框。

第三，目标的选择和确定，要有可操作性，根据教学目标编制教学检测题，并以目标是否达成评价教学效果和学生的学习效率，指导教学反馈，使目标在教学过程中发挥导教、导学和导测的基本功能。

教学目标选择好以后，要精确地陈述教学目标，如果目标陈述不能让学生了解如何实现这一目标，那么目标就变得模糊，这样就难以实现目标[①]。

（二）目标导向教学法在高中物理学科中的实践

目标导向教学法教学过程一般分为"目标制定→目标展示→目标实施→目标检测→目标达成"等阶段，也就是学生通过主动学习活动，教师进行导标、导学、导评、导练、导结，从而达成教学目标。

（1）目标指引，创设情境的实践与思考。教学目标没有明确，教师的教和学生的学就是盲目的。没有目标的学习像是闲庭散步，有目标的学习像是比赛赛跑。恰当地通过情境导入新课，是提高教学质量和效果的必要手段。情境是指教师在教学过程中运用多种手段和方式创设的一种教和学和谐发展的情感氛围，为完成教学目标和教学任务奠定一定的基础。

明确目标是目标导向教学区别于传统教学的重要特征之一。明确目标要注意的内容包括：第一，目标不能太抽象和笼统，而应具备科学性、具体性和一定的可操作性；第二，目标包括了解、知道、理解和掌握四个层次，体现从低层次到高层次逐步内化的要求，同时要有效保证教学目标的定向性；第三，教师应对教学目标简要说明或解释，以引起学生注意，使学生在学习中做到心中有数。

（2）设疑引导、组织自学的实践与思考。建构主义认为，学习者要想完成对所学知识的意义构建，最好的办法是到现实世界的真实环境中去积极感受、体验，而不是仅仅聆听别人各种经验的介绍和讲解。

（3）围绕问题，讨论交流的实践与思考。新课标指出：教学过程是交流互动的过程。这环节的引导作用不在于教师发表什么个人意见，而在于引导交流，促进有效沟通，帮助学生学会倾听，学会宽容，学会尊重，要让学生参与评价，教师就必须发挥"引导"的作用，帮助学生掌握评价的方向，点拨评价的方法和要领[②]。

（4）设置练习，反馈纠正的实践与思考。设置练习和反馈纠正训练是深化基础知识的有效途径，是理论联系实际的纽带，是感性认识到理性认识的必由之路。它不仅可以用来帮助学生理解和掌握基本概念或基本规律，而且还能帮助学生加深和拓展相关的物理知识。在教学过程中，总会有少部分人达不到教学目标，因此需要进行目标诊断，采取及时的补救措施。习题训练教学，特别是变式训练，正是补救教学的有效措施之一，它对学生知识的掌握起到强化和校正的功能。

[①] 方红霞.高中物理科学探究教学的现状及其对策[J].教学与管理（中学版），2015（11）：72-74.
[②] 郭小玲，张军朋.目标导向式物理课堂教学设计——基于加涅的学习理论和教学原理[J].物理教师，2014，35（8）：2-5.

（5）回扣目标，课堂小结的实践与思考。总结是课堂教学中必不可少的一个环节，主要是回扣目标进行课堂学习内容、方法和体会的归纳总结。教师要引导学生总结物理概念、规律、过程方法和情感态度价值观等，引导学生自主参与的经验总结（包括学习收获或困惑等）。通过总结，进行科学的分析、归纳、推理，找出知识的内在联系和变化规律，理顺头绪，融会贯通，以达到能力的培养和提高，以及价值观的提升。

（三）目标导向教学法的实施策略

1. 展示目标策略

建构主义认为学习应该具有目标指引性和情境性。研究如何展示目标，研究教师如何运用富有启发性的语言、演示实验、运用现代信息技术手段，创设情境等方式或方法，确定和出示明确具体的教学目标，让学生明确本节课学习目标，了解重点和难点，激发学生的学习动机，从而进入学习角色。可以基于学生学习兴趣和思维、学习内容、学习方式、学生活动、现代信息技术等角度展示目标[1]。

（1）基于学生学习兴趣和思维展示目标。抓住学生的主要特征，激发学生的学习兴趣和思维，通过学生感兴趣的物理知识或实验，通过模拟特定的环境，激发学生的情感体验和丰富想象，使其产生好奇心，顿时想知道其中的奥秘，并以渴望和愉快的心情投入学习中去，学生在角色效应的影响下，自觉投入教师所设置的教学目标去。

（2）基于学习内容展示目标。从学习内容的角度出发，结合所学的物理知识，可以利用生活、生产和科技中的实例，或利用物理学史，或利用物理实验，或设置巧妙的问题来展示目标。知识的建构是在原有的经验和知识的基础上，对新旧知识的重新构建。利用物理学科紧密联系实际的特点，尽量贴近学生生活、贴近实际、贴近学生原有的知识经验，促进学生对知识的学习；利用物理学史，唤起学生的兴趣和求知欲望，达到知识、能力和人文素养的和谐发展；利用物理实验可以创设许多真实、生动、直观而富有启发性的学习情境，通过动手、动脑的有机结合，促进学生的全面发展。

（3）基于学习方式展示目标。从学习方式的角度，通过创设合作式、探究式和讨论式的学习情境展示目标。在教学中，教师开展小组合作学习，营造多边互动的学习情境，促进学生积极参与学习的氛围，产生目标；探究式学习是一种积极的学习方式，教师在教学中创设一种类似科学研究的情境，主动发现问题、探

---

[1] 王美芹，柴丽苹.基于核心素养的高中物理单元教学目标设计——以"磁场"单元为例[J].物理教师，2020，41（6）：15—19.

究问题，体验成功与失败；在教学中还可以通过对某一物理问题所引起的矛盾冲突，引导学生进行讨论，从而展示目标。

（4）基于学生活动展示目标。新课程背景下的物理课堂教学，以学生为主体，通过开展趣味性的物理游戏或开展实践或体验式的物理活动，调动学生的学习激情，使学生真正成为学习的主人，真正成为物理课堂的参与者、研究者和实践者。

（5）基于现代信息技术展示目标。由于现代信息技术能提供文本、图形、图像、声音、动画、视频等多种媒体集成的大容量信息，又具有超媒体、交互性、资源共享、形式灵活等特点，甚至还能创设接近真实的虚拟物理学习环境，给学习者带来一种全新的学习和认知方式。文本、图片、动画、录像、课件、软件等多种媒体技术，能更加形象、生动地展现目标，引起学生的注意，使学习积极主动地投入学习中去。

2. 实施目标策略

目标导向教学法是一种以教师为主导、以学生为主体、教学目标为主线的教学方法。教师以教学目标为导向，在整个教学过程中，一系列教学活动围绕教学目标不断展开，并以此来激发学生的学习兴趣与积极性，激励学生为实现教学目标而努力学习。教师通过导学、导评、导议、导练、导结来实现目标。

（1）亲身体验，自主探索——导学策略。目标导向教学法的实质内涵是培养学生自学探究能力，就是在教师目标的指引下，学生自主进行学习。学生处于学习主体的第一位，教师只能作为指导者角色。在实施这一策略时，教师要引导学生用所学知识，独立解决问题，鼓励学生自我实现目标。在目标实现前，教师给予启发和引导，把握目标方向，然后由学生独立分析。

（2）合作交流，发展认知——导评、导议策略。学生在合作与交流中，要不断把自己的看法或想法与别人的进行对比、反思和评价。在这个过程中，学生们互相扬长补短、各抒己见、互相补充。这样既可以激发学生的学习动机，也可以在合作交流中获取知识，从而实现学习目标。合作交流可以是师生间的，也可以是学生间的。

为了让师生间的交流有意义，教师首先要创造宽松的学习环境，认真听取学生的发言，给予相应的质疑和引导；其次在交流中，教师要改变传统的观念，要相信学生的能力、依靠学生、尊重学生的个性发展。学生间的交流要在教师组织下，有目的地以小组活动为主，进行讨论、辩论等交流活动，形成学生间对知识探讨的和谐氛围。要让学生学会表达自己的见解，学会聆听他人的想法，学会相互争辩、接纳和赞赏。通过广泛、深入和持久的交流与合作，让学生看到问题的不同层面和侧面，看到解决问题的途径和方法。最后教师应对所有学生充满希望，适时、适度地给予鼓励，让每个学生都能自由地、大胆地参与学习的探索与交流。

(3)设置练习,反馈纠正——导练策略。现在的物理课堂是由互动生成的课堂,如果只是利用简单的提问进行评价,就不利于促进学生的思考,更不利于目标的实现。教学中应该让学生在练习中学会自我评价,反思学习的成败得失。通过设置练习和反馈纠正,实现教学目标。

在学生获得初步的基本概念和基本技能的基础上,给予一些变式练习,并适时组织指导学生归纳、整理,形成物理知识体系。设置变式练习的目的是使学生进一步巩固和理解前面所建构起来的新知识,并通过对新知识的应用,逐步培养学生的物理能力。

(4)回扣目标,课堂小结——导结策略。教师在引导学生归纳总结时要充分发挥教师的主导作用和学生的主体作用,让学生真正成为课堂的主人,培养学生自主学习的习惯,充分调动学生的小组合作精神。在总结中,教师扮演好指导者、辅助者和咨询者的角色。如果学生总结不出来时,教师可以给学生降低一个台阶,引导学生多学习、多尝试和多思考。教师引导学生从以下方面进行总结:

第一,总结知识的来龙去脉:整理各个概念或规律的来由。

第二,总结知识的内在联系:梳理概念或规律的内在联系。

第三,总结知识的框架结构:构建知识的网络框架或知识地图。

第四,总结知识的过程方法:挖掘知识背后蕴藏的思想或方法。

第五,总结知识的实际联系:让物理走向生活,体验物理的应用价值。

第六,总结成功或失败的经验或体会:在探究过程中难免会经历失败,失败并不可怕,可怕的是不找出失败的原因,引导学生总结失败经验,成功的经验需要交流,错误或失败同样是丰富的课程资源[①]。

3.检测目标策略

练习检测是检验目标的一种常用且非常有效的方法,目标检测有以下四类:

(1)归类练习检测:将所学的知识进行归类,弄清其内在联系、找出其共同点和相异点,使新旧知识在归类中得到发展和升华。

(2)综合练习检测:设计综合性的习题,特别是联系实际的问题,通过学生应用知识和方法进行强化训练,提高联系实际和综合解决问题的能力。

(3)探究和设计练习检测:通过此类练习训练,重在启发学生的变通性和独创性、优化方法、活化知识,培养发散和归纳思维,进一步提高学生的综合素质。

(4)开放练习检测:设置一些开放性的练习,启发开拓思路、活跃思维,促进知识与技能、过程与方法、情感态度价值观的和谐发展。

---

① 李友兴.以物理观念为导向的高中物理教学策略研究[J].中学物理教学参考,2020(10):4—9.

4. 达成目标策略

通过目标检测后，教师就可以明白学生目标达成与否，因此，在一堂课结束后，教师对一堂课进行高度总结非常必要，既有对所学知识的总结，也有对学生学习的肯定或奖励性评价，主要策略有：

（1）明确目标，突出重点，对教学的主干知识再一次提纲挈领地概括。

（2）言简意赅，穿针引线，构建各个知识点，使之形成适合学生自己习惯的知识网络。

（3）方式多样，激发兴趣，最大限度地调动学生在短时间内思维活跃的程度，让学生对课堂知识进行记忆、思考和整合。

（4）扣紧主题，深化核心，将课堂和课外知识加以衔接，从课内延伸到课外，提升解决实际问题的能力。

目标导向教学法的四种策略是相互联系和相互作用的，展示目标策略是其他策略的基础，不能正确地展示目标对实施目标就没有意义，实施目标主要就是为了目标的达成，目标检测策略就是对实施目标策略的检验。展示目标策略是前提，实施目标策略是关键，目标检测策略是补充，目标达成策略是深化。

总之，在新课改不断推进的新形势下，物理教学必然实现从有目标的"教"向有目标的"导"转变，这是实施素质教育的一个关键。

二、分层次目标教学

分层次目标教学法是教师按照学生的学习基础，采用不同的教学方式来进行教学指导。在分层次目标教学法中，所有的教学设计都是围绕学生进行的，主要目的在于提高学生的知识水平与个人的学习能力。对于教师来讲，怎样合理地实施分层次目标教学法是非常关键的。教师可将学生的学习水平以及吸收知识的能力作为衡量标准，提出不同的教学方案，使学生的学科能力与思维素养都得到有效的提升。

（一）科学建立分层小组

在高中物理教学中，学生对于教学内容的接受与理解程度不同，导致学生的学习能力出现明显的差异，主要体现在学生的认知能力方面：一方面表现为学生对于物理现象的认识结果存在差异；另一方面表现为学生对于新知识的体会与掌握存在一定的差异。为了更好地应对学生间的差异，教师可按照实际情况合理地建立分层小组。

通过对教学内容进行反馈，就可有效了解学生的学习水平，为掌握学生间的差异提供依据。学生的能力是逐渐培养的，教师需要结合学生的综合情况来制定教学策略，将学生间的差异作为重要参考，因材施教，使所有的学生都能够在原有的基础上得到提高，从而对物理产生浓厚的兴趣。在课堂上，教师可按照学生在物理学习方面的能力、兴趣以及基础等几个维度将学生分为A、B、C三个层次，适当考虑学生自身的意愿来分组，可将学生按照AC、CB、BA组合进行搭配，组成学习小组。此种分层的教学方式不仅能够给教学带来一定的便利，还有利于学生间的互动交流，形成优势互补，由此实现统一管理以及帮助不同层次的学生共同进步。通过收集学生的反馈信息，按照不同阶段学生的实际情况进行动态管理，以免学生出现心理压力。此外，还需要按照学生阶段性的表现、学习效果及时对分层小组进行调整。如对于进步明显的学生，就可上调等级，退步的学生则需下调等级。通过实践，进行分层、分组的动态管理，很多学生的成绩都能够得到有效的提升。

（二）制定差异性的教学目标

对学生进行分层后，教师就需要按照学生的具体情况制定不同的教学目标。对于A层次来讲，教师需要制定更高的教学目标，主要在于培养学生对知识的迁移能力与运用能力，应当避免出现过于简单的目标。对于B层次来说，需要掌握大纲规定的教学目标，同时还需在此基础上适当扩充，使学生能够体会到成功的喜悦，增强学习自信。对C层次来讲，需要以鼓励为主，逐步培养学生的学习兴趣。

例如在讲解"功率"的内容时，教师按照学生的学习层次制定合理的教学目标。对于C层的学生来说，这部分学生只需要掌握功率的物理意义、单位以及定义式，同时能够利用功率的导出式$P=F·v$来解题。对于B层的学生，应当要求学生除了掌握相应的意义、定义式等，还要求能借助功率的两个公式来解释生活现象，同时了解平均功率、瞬时功率以及实际功率等的联系与区别。对于A层学生，需要培养学生理论结合实际、解决生活问题的能力以及激发学生的创新思维，由此提高学生的综合素养。这样，对于不同层次的学生制定了充满差异化的教学目标，能够使不同层次的学生都能借助自己的努力达成目标，从而获得良好的学习体验，有效激发学生的学习热情。

（三）作业的分层布置

作业是帮助学生巩固知识的最好方法，在教学中，教师应当按照学生的能力来布置作业，C层学生以基础知识的练习为主；B层学生以基础知识的掌握为主，同时加上一定的思考性题目，使学生在巩固知识的过程中能够深化对知识的理解；A层学生以综合性题目为主。以"机械能守恒定律"作业为例，C层学生掌握课后习题；B层学生不仅要掌握习题，还需向外延伸；A层学生则需掌握模拟考试的题目。如此一来，便可满足学生的学习需求，同时还可帮助学生巩固吸收物理知识。

综上所述，在物理课堂上，借助分层次目标教学法能够兼顾每位学生的学习需求，帮助基础知识薄弱的学生打好基础，帮助成绩较好的学生进入下一个学习阶段，由此增强学生的自信，发挥学生的主动性。

第二节 高中物理概念与规律的教学策略

一、高中物理概念教学策略

（一）物理概念教学的基本理论

1. 高中物理课程标准

新课程标准依据普通高中课程方案，科学设置了高中物理的课程结构，开设了必修、选择性必修和选修课程，基于学生多元发展需求，每个板块又设计了具有基础性和选择性的物理课程，注重模块间的递进关系和物理内容的系统性。

从课程内容来看，新课程标准规定每个板块中对于知识和能力的具体要求。规定各个知识要点的教学的难度和深度，以及学生通过学习以后，需要达到的认识和理解水平，有效地指导高中物理教学[①]。

新课程标准凝练了高中物理学科核心素养。物理核心素养主要由"物理观念""科学思维""科学探究"和"科学态度"四部分组成。"物理观念"包括物质观念、运动观念、相互作用观念、能量观念及其应用，需要通过深入学习力学、运动学、电磁学、光学等板块的基本概念和基本规律，在头脑中形成物理世界的观念，并培养运用物理观念解释自然现象和解决实际问题的基本能力。"科学思维"包括模型构建、科学推理、科学论证、质疑创新等要素，是学生在学习物理基本概念和基本规律过程中运用到的认知方式，例如比值定义法、理想化模型、科学实验方法、运用数学方法解决物理问题等，也是过程中学生需要培养和提升的思维能力。"科学探究"包括问题、证据、解释、交流等要素，物理是一门基于实验的学科，学习过程中学生要学会观察实验现象，并能够采用正确的方式收集、整理数据，基于实验现象和数据得出结论、提出质疑，要培养探究精神。"科学态度与责任"则包括科学本质、科学态度、社会责任感，通过学习，要能够形成严谨仔细、实事求是的工作态度，要有社会责任感和担当意识，要有探索自然真理的

---

① 蔡涛.关于高中物理概念内容的教学策略[J].科学咨询，2020（22）：58.

内驱力。

物理核心素养的四个要素具有整体性，其中，物理观念代表知识的内化，是其他核心素养的基础；科学思维和科学探究是关键能力；科学态度和责任是必备品格，四个要素相互依赖，共同发展。

2. 中国高考评价体系

高考评价体系主要由"一核四层四翼"三部分内容组成。高考评价体系的核心是通过高考，切实服务于高效人才的选拔，积极发挥高考指挥棒作用，以考促教、以考促学，从而最终落实立德树人根本任务。"核心价值、学科素养、关键能力、必备知识"是高考考查的素质教育目标即考查内容："核心价值"是指学习者应具备正确的人生观、价值观和世界观；"学科素养"则是学习者处理问题时能够运用科学思维方法，有效整合各学科知识，运用相关能力解决问题的品质，高考评价体系中的学科素养包括"学习掌握、实践探索、思维方法"3个一级指标和9个二级指标，其中物理观念与"学习掌握"类似，科学思维与"思维方法"类似，科学探究与"实践探索"类似。高考评价体系将关键能力分为知识获取能力群、实践操作能力群、思维认知能力群三个层次，评价体系下的"关键能力"包括但不局限于理解能力、逻辑推理能力、分析综合能力、信息加工能力、模型构建能力和实验探究能力。"必备知识"是指学生通过学习后，在分析问题、解决问题方面所必须具备的知识，包括各学科的基本概念、基本规律、基本技术和方法，主要包括力学、电磁学、热学、光学和原子物理五个方面。"四翼"考查要求立足于素质教育应达成的内容表现与形式表现，是在高考中对素质教育进行评价的基本维度，强调基础性、综合性、应用性和创新性，其中通过注重物理观念的考查和注重必备知识的考查，突出学科主干内容来强调基础性，引导考生重视基础。

3. 建构主义理论

建构主义的主要理论认为，学生获取对外界的认知，构建自身知识系统的方式有两层：一是学生将从外界获取的信息进行加工和转化，使新的知识与已有的认知统一；二是当学生所处的外界环境发生改变时，学生原有的认知体系在一定条件下会发生结构重组和改造，进而构建新的知识体系。建构主义理论坚持从主观因素和客观因素两个维度来研究学生的认知规律，具体又可以划分为教学内容层面的建构主义知识观、学生层面建构主义学习观和教师层面建构主义教学观。

建构主义知识观认为，知识的真理性并不是绝对的而是相对的，它是随着时代的发展而发展，新事物的出现，人类对它产生质疑和批判，并不断更新、升华，使它越来越接近真理。建构主义的学习观认为，学生在实际的生活和学习场景中，为了解决具体问题和矛盾，会通过自身的探索与思考，完成观念的改变和重组，并最终形成新的知识。它强调学生的主动参与、探究发现、交流合作对所学知识的主动构建，阐明了在学习过程中学习者的重要地位。以往教师在教学中充当了知识的传递者和灌输者，随着时代的变化而应该转变为学生主动构建知识体系的帮助者、促进者和引导者。在课堂教学活动中，充分体现教师的导演的角色，把学生所学习的知识与一定的真实情境相联系，引导学生积极沟通和交流，充分发挥主动性、积极性和创新意识，共同来解决情境性任务，从而促进学生有效地实现当前知识的意义构建。

（二）物理概念的教学策略分析

1. 创设真实概念教学情境

物理学科核心素养只有在真实情境中解决问题时才能表现出来。因此在教学过程中，要创设真实的教学情境，让学生经历科学探究和加工，保证物理概念的内化，形成科学思想。而物理概念是反映研究对象的本质属性的思维形式，学生在概念学习过程中，需要把所感知的一类物理现象的共同本质特点抽象出来，加以概括，进而建构物理概念。由此可知物理概念的构建要经历一个比较复杂的心理活动过程，抽象而不容易理解，若教师选择以分析法为主要手段的讲授法，这种以语言为中介的教授方式，会使学生感到抽象难懂，枯燥乏味，学习兴趣、学习积极性无法被充分调动，物理概念教学效果也将会大打折扣。

因而概念教学过程中，若教师能够基于学生认知水平，恰当地创设真实的物理情境，不仅有利于降低物理概念教学难度，切实帮助学生构建物理概念，更能够落实物理学科核心素养的培养。将真实的物理过程、物理现象通过演示实验、分组实验、多媒体展示等手段在课堂上进行再现，使学生能够获得更多直观表象，引导学生对物理现象进行观察，在直观的基础上进行抽象，结合已有的物理知识体系进行思考、逻辑推理，总结归纳出物理过程、现象反映出的物理本质，将感性认识上升到理性认识，进而形成物理概念。创设物理教学情境的方法较多，常用的方法有：利用物理实验创设物理概念教学情境，利用生活经验、自然现象创设物理概念教学情境，利用多媒体创设物理概念教学情境，利用物理学史、物理学故事创设物理概念教学情境等。

2. 注重思辨过程，提升科学思维

目前的概念教学理论中，一般对于物理概念的习得掌握常常分为：感知识别、分析概括和深化理解几个小的阶段，即通过大量的感性材料，创设真实物理情景，列举生活、生产中学生的实际例子，通过观察、实验等，启发学生思考和抽象思维，概括出本质东西，构建物理概念。但教师在概念教学过程中，最容易压缩学生思考和分析的时间，转而由教师一手包办，剥夺了学生思辨的机会。因此教师要转变观念，注重学生思辨过程，培养和提升学生科学思维。

引导学生基于生活经验进行思辨，建立物理概念。物理学科属于自然科学范畴，所以物理概念来自对大量现象本质反映的总结，因而无论采用何种策略和方式来进行概念教学，都不应该脱离生活实际。概念建构过程中，如果能够基于学生实际生活经验、感官材料，引导学生对于生活现象的深入思考，结合已有的理论知识进行辨析，从而认识现象背后的物理本质，构建物理概念，提升科学思维能力。

教师巧妙设置认知冲突，通过对冲突的思考与分析，建立物理概念。学生的生活经验源自对生活中物理现象的直观观察，属于感性认知的，物理概念往往是透过现象看本质，是理性分析概括的产物，具有一定的抽象性。学生的感性认知和物理概念的理性认知往往具有一定的偏差，如果教师能够以此为切入点，巧妙地设置认知冲突，并引导学生进行理论的分析，能够更加有效地帮助学生理解概念的内涵，并培养学生科学思维。例如在"自由落体运动"概念教学中，高一学生基本认为"重的物体下落快、轻的物体下落慢"，但是教师通过演示相同的纸张和纸团下落，证实相同质量下的纸团明显比纸张下落较快，设置了小小的认知冲突。学生经过独立思考、讨论交流等方式能够得出空气阻力的影响改变了结果，进一步演示"钱毛管"实验，引导学生思考总结出忽略空气阻力后，只受重力的物体下落快慢程度相同，进而帮助学生构建起"自由落体运动"基本概念。

3. 串联物理概念，构建物理观念

物理概念反映了物理现象的本质，是描述物理规律的基本工具，但是物理概念与概念之间不是孤立的，而是密切联系的，要帮助学生梳理概念，将各个概念点利用物理规律串联成知识主线。在规律教学过程中，更加侧重引导学生基于现象，运用掌握的基本概念，进行合理科学的逻辑推理、提炼总结，形成物理规律，在规律构建过程中注重各个相关概念之间的联系和区别，而不仅仅是交给学生几个公式或方程。

教师引导学生建构概念图，通过概念图加深对概念的理解，形成概念体系。概念图是用节点表示概念，以连线表示概念之间关系的思维工具。知识的构建是通过已有的概念对事物的观察和认识开始的，学习的过程就是建立一个概念网络的过程。在某个板块学习结束后，利用习题检测加强学生对知识理解和迁移的重要手段，但要求学生建构概念图，也能够起到较好的教学效果，学生在构建概念图的过程中，需要进一步深入理解物理概念的含义，也需要理解该概念与其他概念之间的联系，以及该物理概念与相应物理规律的关系，而学生独立完成某个板块的概念图后，则说明学生对于该板块的基本概念和基本规律有了比较全面的理解和认识，通过概念图的建构又能够进一步帮助学生理解概念之间的联系，构建物理观念。

如果将物理学比作高楼大厦，物理概念则是构成大厦的砖块，要形成宏伟壮观的物理大厦，只有一堆砖头瓦块是不够的，需要将这些砖头瓦块通过一定方式牢固地串联起来，所以教师帮助学生串联物理概念，对于学生构建物理观念有相当重要的作用。

4. 情景化概念运用，提升概念迁移能力

学生对一个具体物理概念的学习必须经历两个阶段：一是从感性认知到理性认知阶段，即概念的学习过程；二是从理性认知到实践运用阶段，即利用物理概念解决实际问题。只有通过这两个不可或缺的阶段，学生才能够真正地形成概念和掌握。当前的概念教学中，通过习题训练和考试是学生运用概念的主要方式，也是教师检测学生对于概念掌握程度的主要手段，因此，教师一定要注意将试题情境化，学生只有通过对真实情境的感悟，通过理性的思维构建物理模型，再运用相关物理概念解决问题，才能真正让学生得到实践运用的机会，才能在此过程中进一步加深对概念的理解，才能提升学生物理观念。单纯通过文字考查学生对于物理概念的内涵、相似概念的区分对于培养学生物理素养作用不大。

5. 发挥学科特点，培养科学态度与责任

物理是一门基于实验的自然科学，教师在概念教学过程中，充分发挥实验教学特点，培养学生严谨认真的科学态度、实事求是的工作作风。无论是演示实验还是学生分组实验，教师一定严格要求学生严肃对待，按实验要求规范操作，认真仔细观察实验现象，如实记录实验现象和记录相关数据，依照科学的数据处理方式方法对实验数据进行处理和分析，不捏造篡改实验数据、编造实验结论。物理是一门规范严谨、逻辑严密的学科，通过严谨的学科规范和逻辑思辨过程，培养学生严肃认真的科学态度。物理的规范严谨性体现在各个方面，教师规范的作图、规范的板书，规范的实验操作，等等，均通过课堂上教师一板一眼的呈现，长时间的规范要求，能够培养学生的规范、规则意识；逻辑严密性则体现在物理模型构建、逻辑推理等方面，学生通过概念学习过程中的模型抽象、构建，以及基于事实的科学推理，能够提升学生工作、学习的严谨性。充分发挥物理学史和经典案例，向学生传达正确的情感态度和社会责任。物理概念的建构和发展过程并不是一帆风顺的，学生通过学习物理学史和科学家事迹，例如居里夫人关于放射性研究的过程，能帮助学生形成持之以恒的科学态度。通过了解物理科学技术与社会、环境的关系，能让学生形成正确的道德、保护环境、可持续发展的意识。

二、高中物理规律教学策略

(一) 物理规律教学的基本理论

物理规律教学是指基于教师的指导,学生发现问题,探索规律,讨论规律,运用规律的过程。物理规律通常反映了物理现象及其过程在一定条件下必然发生、发展和变化的规律,揭露了事物本质属性间的内在联系。

规律教学是传授学生物理规律,以物理规律教学为主要任务的教学形式,是高中物理新授教学中的重要组成部分。物理规律通常分为定律、定理、原理、法则和方程等,根据得出方法的不同,通常分为归纳型、演绎型和经验型规律。

物理规律教学一般包括以下四个有序步骤:

(1) 创设能够发现问题、探索规律的情境。课堂伊始创设情境,激发学生的求知欲和探索热情,为后续教学活动做好情感铺垫。

(2) 引导学生运用相关科学方法探索规律。通过实验归纳及理论分析,得出规律与表达式。

(3) 讨论和剖析规律,促进学生理解。学生得出规律,对规律的认识并不深刻,需引导学生对规律进行剖析:如规律的物理意义、规律的适用范围和适用条件等。

(4) 鼓励学生运用物理规律来解决问题。即通过适当的例题和具体应用教学,引导学生打开思路,渐渐领悟解决问题的方法。

规律教学质量的高低,直接影响学生的学习成绩,认知观念和多方面能力的发展。高效的规律教学承载着激发学生学习兴趣,调动学生主观学习动机,教给学生正确的知识,传授科学方法等重要教学任务,同时能发展学生思维,提升解决问题的能力,培养学生在学习过程中形成正确的物理观念、科学态度和科学精神[①]。

1. 认知发展理论

客观的知识结构是通过与个体的交互作用而内化为认知结构的,主要包括"同化"和"顺应"两个过程。个体利用自身原有的图式对新知识进行同化,将新知识纳入认知结构,达到平衡;当图式不能顺利同化新知识时,平衡状态就不再稳定,此时原有图式就需要顺应新知识,从而达到新的平衡。个体的认知结构即通过这样的"同化"和"顺应"过程,在"平衡—失衡—平衡"的循环过程中得到建构与完善。因此,教学中应当注意让学生充分地作为学习主体,作为建构者,

---

① 张山竹.核心素养背景下高中物理规律课教学的有效性研究 [D].延吉:延边大学,2019:9-27.

教师则应转变为学生学习过程中的合作引导者。在进行高中物理规律课教学时要注意转变固有观念，设置符合学情的教学目标，激发学生学习的积极性；结合教学内容和学生在学习中的表现，鼓励学生进行认知结构的自我建构，有效学习。

2. 教学教育性理论

教学教育性原则，旨在实现最高的教育目的——德育。知识与德育有内在联系，在学生学习和成长过程中占据同样重要的地位，不能将两者割裂，更不能轻视道德教育在学生终身发展过程中的地位，教学应成为造就所需要人才的有效途径，而所需要的人才应当是知识与品德兼备的。

教师在进行物理课堂教学时，要重视知识价值与育人价值的双重实现，在培育学生智能发展的同时，不忘践行立德树人的教育目标，通过物理规律教学，潜移默化地渗透学生建立良好的科学品质。

3. 多元智能理论

智能是人在特定情景中，能够解决问题并有所创造的能力。将智能分为八类：言语智能、逻辑—数理智能、时空智能、运动智能、音乐智能、人际关系交往智能、内省智能以及自然观察智能。多元发展智能主张不再只以分数进行教育评估的方法，倡导不以"一元智能"观作为评价学生的依据。

新课标倡导的发展学生核心素养，强调多元发展的理念与多元智能理论不谋而合，这无疑会促使教师对物理规律教学中对学生的多元发展予以更热切的关注，为学生的终身发展与综合素养的提升探索更多可操作的、有意义的策略。

4. 发现学习理论

发现学习一定要重视发现的"过程"，教师不应当把已有结论直接告诉学生，应当为学生提供条件，创设情境，引导学生自己去发现、探究，最终解决问题。经历发现学习过程的学生，其思维智能与发展水平相比于普通学习者有较大提升。此理论启发教师在教学中不应只是自我陶醉式地灌输讲授，而应多采用提出假设式的教学方法，鼓励学生以"发现"代替"接受"。在教学中要尽可能地引导学生本身成为科学规律的"发现者"。良好的学习动机是发现学习活动的前提，为了使学生兴趣盎然地投入于学习活动中，教师的教学也应当是具有趣味性的。

5. 有意义学习理论

学习是新知识与个体本身已有的知识体系之间形成实质性融合的过程，而非简单的知识堆砌，这即为有意义学习理论的实质。有意义学习的顺利实现通常需要满足三个前提：第一，学习者首先要有进行有意义学习的愿望；第二，学习的内容必须是有意义的，而且必须与学习者已有的知识体系相关联；第三，学习者能够做到积极主动地将有意义的学习内容融入自身已有的知识体系当中，以此来改善及更新已有认知体系，让新学习的知识发挥实际效用。因此在规律课教学中，要注重学生是否真正有意义地吸收了知识，丰富了自身的认知结构和知识体系。

6.新教学理念与物理规律教学的关系

（1）注重体现物理学科本质，提高全体学生的科学素养。教师在物理规律教学中，要善于提炼规律探究及规律运用过程中蕴含的育人价值，在确保学生知识习得的同时，关注学生终身发展，为学生应对社会及未来的挑战打下坚实基础。

（2）注重课程的基础性和选择性，使之满足全体学生的发展。高中物理课程是基于学生身心发展规律与认知规律制定的，必修课程为全体学生的学习提供了相同平台基础，同时针对学生的不同兴趣、发展潜力与今后的发展需求，设计了诸多选修课程模块。在物理规律教学中，要从基础出发，根据学情以及班级学生的学习风格，采取适当的教学方式，满足学生的学习需求与发展需求。

（3）注重课程的时代性，关注科技发展与社会发展。高中物理规律课程在设计上应精选时代性较强，与学生生活、社会及科技发展联系紧密的素材，引领学生感悟物理技术为生活带来的便捷，探讨与物理学应用相关的问题，培养学生的社会参与意识及社会责任感。

（4）引导学生自主学习，提倡多样化的教学方式。高中物理规律课堂应当为学生提供参与、探究、实验、思考的空间，并且要注重多样化教学方式的运用，帮助学生顺利掌握规律，培养其能力的发展，促进学生自主而又富有个性地学习。

重视对过程的评价，以评价促进学生的学习与发展。物理规律课堂应该重视评价所蕴含的激励与诊断功能，正确面对学生之间的差异，鼓励学生建立自信、积极的人格，促进学生收获更好的发展。

（二）物理规律的教学策略分析

1.规律课导入环节策略

（1）灵活选择感官素材，在体验中促学激趣。一切知识皆是从感官开始的。具有直观性的教学是学生学习知识的起点和基础。将感官素材合理引入课堂，顺应了当代高中生学习的心理特征，能够培养学生乐学物理的情感态度，增强对物理规律学习的认知与体验。

（2）巧妙调动求知热情，正确定向学习活动。热情是研究一切问题的基础，物理课堂也是同理，有时平铺直叙的规律教学难免会让学生感到枯燥。新课程理念倡导让学生成为教学活动的主体，如果学生在课堂开始之时就提不起兴致，那么就等于早早退出了其接下来在教学活动中的主体角色，头脑中没有清晰的活动方向，无法达到理想的学习效果，其他方面能力的发展更难落实。因此，在课程之初，调动求知热情，正确定向学习活动也是十分关键的。

教师平时要做一个有心人，不断探索，灵活运用学生熟悉的物件为教学增添色彩，调动求知热情。要注意所创设的情境应当为接下来学生的学习活动指明方向，有明确的学习目的，使课堂吸引更多学生注意和参与的同时，活跃高效，紧贴主旨，完成既定的教学目标与发展目标，提升学习效果。

（3）新旧知识类比衔接，促进迁移提升观念。温故而知新，是与学生学习心理特征相符的一种方式。有经验的教师往往善于分析新旧知识，找到它们之间的内在联系，类比分析，设计出顺应学生认知的教学。当学生发现所学的新课题是基于自身已有经验，便能更加快捷顺畅地连通认知，促进迁移，激发学生头脑中相关物理观念的理解与建构。采用新旧知识类比迁移的方式导入新课，能够提升学生的物理观念，强化规律认知。

2. 规律课推进环节策略

（1）捕捉认知冲突，顺水推舟转化"前概念"。教师在讲课时会发现，随着学习活动的推进，学生的神态或肢体动作会出现一些变化，这是因为学生在听课时并不是一张白纸，学生在此之前已经具有对相关知识和规律一定程度或准确或模糊的认识，即"前概念"。前概念是指学生在正式开始进行物理知识学习前，脑海中已经存在的原有认知和该认知赖以形成的思维方式。研究表明，当学生进行新知识的学习时，必然会受到前概念的影响。因此教师要善于观察，细心解读，多站在学生的角度思考，捕捉学生的认知冲突，筛选其中重要且具有代表性的认知矛盾，及时进行引导梳理，鼓励学生拨开错误认知的困扰，将模糊甚至错误的"前概念"正确转化。运用这样的方式得到知识，学生往往会豁然开朗，并留下深刻的印象，有助于在以后的学习活动中培养缜密的科学思维，精细合理地进行认知建构。

教师在教学中，要善于创设民主和谐的课堂氛围，耐心地倾听学生的想法，鼓励学生提出存在的疑惑，这样的做法有利于我们及时掌握学生的认知情况，依据学生头脑中概念的正误与深浅程度，科学引导学生及时过渡、调整认知，建立更加科学的知识结构体系。

（2）搭建思维台阶，强化推理论证能力。在物理规律推进学习的过程中，学生不免会遇到一些困难，这时候教师可以基于学生的已有认知水平，适当搭建思维台阶，逐步引导学生攻破困难，解除疑惑。在规律学习中，规律本体的学习很重要，同样不可忽视的是，形成规律潜在的思维方法。因此教师也要注重对规律形成过程中思维方法的讲授，可通过分析与综合，抽象与概括，演绎与归纳或其他推理方法搭建思维台阶，提升学生的思维层次，强化推理论证能力。

教师要明确学生已有的认知水平和思维水平，根据学情和最近发展区理论，为学生更好地掌握规律搭建思维台阶。在教学过程中渗透推理论证思想，有助于发展学生思维，实现学生对科学思维方法的认识与推理论证能力的进阶。

(3) 经历实验探究，悟物思理感悟本质。学习数学，最好要从数学家的纸篓里找材料，因为其中往往记载着他们探索、思考、一路发现的过程。对于物理规律的学习也是一样，学生如果能够亲历探究过程，那么将有助于学生思维水平和探究能力的发展，提升其对科学本质的认识。

要想学生亲历探究过程，教师要注意引导学生正确设计探究方案，提前把握各种可能出现的情况，做好备案，必要时加以适当引导，尽可能地让学生动手参与，发挥其在学习过程中的主体地位，在实验探究过程中，深化物理思想，提升对科学本质的认识。

(4) 凸显STSE理念，渗透科学态度与责任。高中物理课程具有以促进学生终身发展，提高学生科学素养为目标的特点。新课标指出，要重视物理相关知识在现代科技中的应用。STSE教育理念的宗旨为：促使学生关注科技发展、社会进步等现实问题，形成保护环境的科学态度及责任意识，这与高中物理课程目标相辅相成。STSE教育内容的加入，可以丰富规律课堂的教学内容，使知识更加贴近生活。物理教师在课堂上渗透科学、技术、社会与环境等话题，可以丰富学生对物理规律的认识，体会到物理与生产生活、科学技术的密切关联，能够从科学视角看待科技发展的相关问题，培养学生的科学态度与社会责任感。

3. 规律课巩固环节策略

(1) 建构物理模型，灵活运用规律。纷繁复杂的物理现象和物理问题是构成物理世界的要素，在物理教学中，为了帮助学生更好地解决实际问题，通常我们要构建出适当的物理模型，以此高效解决相似类型的物理问题。物理模型建构是人们研究、解决物理问题的重要思想方法，是运用物理规律解决实际问题的中介。根据解决物理问题所需要素可将模型分为如下三类：

第一，对象模型，忽略次要因素，建构反映研究对象本质的理想模型。比如：质点、单摆、点电荷、弹簧振子。

第二，条件模型，为简化实际研究中的微小影响，将客观条件理想化而建立的模型。比如：光滑斜面、光滑轨道、空气阻力不计、理想电表等。

第三，过程与问题模型，研究运动过程理想化结果或复杂问题简洁化模型。如：匀变速直线运动、自由落体运动、匀速圆周运动、"滑块模型"等，这类模型以运动过程和问题为核心，通过模型，形成解决问题的方法，便可化繁为简，思路清晰地处理问题，有利于培养学生的思维能力和模型建构能力。

运用模型建构法解题的关键在于，通过文字给予的有关信息构建出合适的物理模型，再依据模型对应规律，用相关算法解决问题。通过模型建构，能够加深学生对规律的认识，对科学方法的概括以及将繁杂问题科学简化的能力。

(2) 问题导向交流互动，依据反馈精准点拨。学生是物理规律的初学者，在具体规律的巩固学习或应用过程中，难免会遇到困难，即使思维表现较为优异的同学，有时也需要教师的适当点拨来化解疑惑。教师要善于观察，一名好的教师应具有能够敏锐捕捉学生学习反馈的素养，从浅的层面来说，能够捕捉学生在课堂学习时的神情，以此揣摩其学习动机；从较深层面来说，能通过学生对问题的回答，方案的设计等，捕捉到学生思维上的障碍，加以疏导化解。以问题为基本导向，在富有启发性的提问中引导学生反思，纠正误区，精准点拨，连通认知，正确导向学生完善相关方案与结论，使学习的规律得到巩固。

（3）学科交叉渗透，多元发展素养。随着科技的发展，物理学科与其他学科之间的相互渗透与交融越来越多，这就对学生综合素质的发展提出了新要求。因此，新环境下我们不能将物理教学割裂为独自存在的学科知识教学，应当尝试着眼于与其他学科建立横向关联。随着各门学科核心素养的相继提出，也昭示着不应再只利用单独一门学科来培养学生的核心素养。

高中物理学习过程中，通常对数学知识的运用程度最高。例如：运用极限思想得出物体运动某一时刻的速度，通过几何知识分析物体的运动及受力等，数学知识在解答物理题目过程中发挥着重要作用。当然，高中物理与化学学科相关度也较高，如密度、分子等知识，就需要涉及化学相关背景。

此外，物理学习还需具备相应的语言文字能力，仔细思考会发现，很多词语或成语中都隐含着物理原理，如坐井观天，镜花水月，一叶障目等。因此在相关教学中，可以辅以flash动画视频，以成语典故的形式进行交叉渗透，引导学生运用所学规律解释成语中描述的物理现象与问题，丰富学生的学习体验，从而帮助学生更好地理解规律，巩固规律。

随着物理学习活动的不断深入，学生将会遇到越来越多与其他学科联系紧密的知识和方法。教师必须要不断学习，拓宽自身知识的广度，将物理与相关学科知识巧妙联结，让知识不再只局限于课本之中，培养学生的综合知识能力，促进学生多元发展。

第三节 高中物理的实验教学策略

一、高中物理实验教学基本理论

（一）物理实验的组成

一个完整的物理实验通常是由三个部分组成的：实验源、实验对象和实验效果显示器。实验源是实验信号的发生源，由它发出的信号作用到实验对象上就会产生一定的实验效果；实验对象就是实验源信号所作用的对象，当它接受作用到它上面的信号后，会产生一定的效应，从而显示或者是揭示某些物理规律；实验效果显示器是用以呈现实验对象接受实验源信号作用后产生效应的部分，以便通过直接或间接的方式进行效果的观察。在有些实验中，会出现实验源和实验对象是一个，或者实验效果显示在实验对象上的情况。在进行实验设计过程中，对实验的设计可以划分为对于实验源的选择、对于实验对象的选择和对于实验效果显示器的设计等几个方面[①]。

（二）实验设计原则

实验设计的目的在于用较少的人力、物力和时间，获得较为可靠的实验结果，同时最大限度地减小误差，因此实验设计应当遵循以下原则：

（1）确切性原则。实验设计是实验的基础，决定了实验的具体内容，通过对实验现象和实验结果的分析来说明某一实验现象或是验证某一物理规律，因此，实验设计要与实验课题"对得上号"，即实验设计要保持确切性。

（2）科学性原则。实验设计应当遵守科学性原则，物理实验尤其是中学物理实验是允许一定的误差存在的，有时，为了教学的需要，还故意扩大实验误差，引导学生分析其来源，但是制造假象，弄虚作假是不允许的，同时在实验过程中也要注意实验原理选择的正确性。

（3）可行性原则。可行性原则是指一方面实验设计应当考虑实验器材和实验条件等的限制，即实验是切实可行的，否则成为理想化实验无法实施，另一方面是实验设计应当考虑学生的知识经验水平，不能够超出学生已有知识。

（4）预见性原则。预见性原则是指在整个实验设计过程中，实验者需要对实验中可能出现的情况进行估计、设想以及采取相应的对策。实验者对于实验的预见性有助于实验者对于实验整体的把握。

（5）简洁性原则。如无必要，勿增实体，在实验设计中也是应当遵循的。同一实验课题对应着多种实验设计，但是对物理实验设计尤其是中学物理实验设计而言，应当结合实际实验情况和学生的知识水平选择较为简洁明了的实验设计方案。最终选定的实验方案应当尽量原理简单、仪器简明、操作简单同时时间上无须耗时过多。

（6）单一变量原则。实验过程中所被操纵的特定因素或条件称为变量。变量按照性质不同，通常可分实验变量、反应变量、无关变量三类。

实验变量，又称为自变量，是指实验中由实验者所操纵的因素或条件。反应

---

① 蔡千斌.核心素养导向的高中物理实验教学策略[J].物理教师，2020，41（1）：27-29，33.

变量，也称因变量，指实验中由于实验变量而引起的变化和结果。通常，实验变量是原因，反应变量是结果，二者具有因果关系。进行实验的目的在于解释这自变量与因变量之间的前因后果。无关变量，亦称控制变量，指实验中除实验变量以外影响实验现象或结果的因素、条件等。无关变量会对反应变量有干扰作用，实验的关键之一在于控制无关变量，减少误差。

与此同时，物理实验设计还要遵循一般实验的随机性、重复性、对照性和区组性的设计原则。结合以上原则，能够判断学生实验设计的优劣，进而进行相关调整。[①]

（三）实验设计教学策略的选择

策略是指为达到某一目的而采用的手段，教学策略是一种教的策略。教学策略是从属于教学设计，依据特定的教学目标和教学对象制定的教学程序计划和采取的教学实施措施。教学策略具体体现在教与学的相互作用的活动中，教学策略的选择应当结合教学目标和学生学习现状等因素。

（1）结合教学目标选择教学策略。教学策略是教学设计的有机组成部分，任何一种教学策略都是指向一种教学目标，为完成一定的教学任务而制定的，教学策略的制定应当结合具体教学目标的要求，根据教学目标要求是"知道""了解"或者是"掌握"来确定不同的教学策略。如教学目标对其要求不高，那么在选择实验设计教学策略时，并不需要整体实验都由学生设计，教师可以让学生设计部分，让学生对于其中的重难点有更加深入的理解，同时提升实验设计水平；对于教学目标要求较高的内容，教师可以选择学生设计整体实验，学生经历物理规律得出的过程能够加深学生对于物理规律的认识，同时学生能够明确其适用范围、相关内容，加深认识。

（2）结合学生学习现状选择教学策略。教学策略的选择同时应当结合学生学习现状。实验设计教学的目的在于引导学生经历实验设计过程，学习实验设计的相关原理与方法，加深学生对于相关知识的理解。例如学生实验设计的基础相对较好，就可以进行相对较为完整的实验设计，若学生实验设计基础较为薄弱，进行整体实验设计就会费时费力，学生也容易产生畏难情绪，这时教师应当采用让学生改进已有实验方案进行实验设计的教学策略，使学生更易达成教师设定的教学目标，同时增加实验设计的信心与兴趣。学生是学习的主体，学生的学习情况应当是选择教学策略的基础。如果制定教学策略的过程中没有充分重视学生的知识技能水平、能力水平、思维发展水平等学习情况，那么教学策略就会失去其针

[①] 陈雪梅. 高中物理"贴近生活、联系实际"教学策略的研究 [J]. 物理教师, 2016, 37 (3): 26-29.

对性[①]。

二、高中物理实验教学策略

（一）明确实验目的

实验目的来源于猜想与假设，实验目的应当是表述简单明了，明确说明实验变量，因此明确实验目的首先需要明确实验变量，然后根据实验变量制定实验目的。

1. 确定实验变量的教学策略

（1）由"猜想与假设"直接确定实验变量。如果学生在"猜想与假设"阶段提出的猜想全部都言之有据，并且相互独立，所提出的假设就有研究的必要，因此有些实验经过学生的猜想与假设能够很明确得到实验变量。

（2）整合"猜想与假设"确定实验变量。在"猜想与假设"阶段，学生在能够给出猜想的依据的基础上，可从包括生活经验、物理知识等各个维度提出猜想与假设，但是这些假设可能存在问题：物理量有包含与被包含的关系、偏离待研究量，等等，全部对其进行研究没有可能同时也是没有必要的，因此要在对其整合的基础上确定实验变量。

2. 结合实验变量确定实验目的

研究目的应当表述为：（在某种确定条件下，）研究因变量与自变量的关系。因此确定实验变量后，即可通过实验变量确定实验目的，实验目的即为研究实验变量间的关系。

（1）根据实验变量直接确定实验目的。如果一些实验的实验变量确定为只有两个，在确定自变量与因变量后即可确定实验目的。有些实验中，某些物理量可能既为因变量又为自变量，如研究一定质量的气体的压强、体积和温度的关系中，每一个变量都是可以既作为自变量又作为因变量的。

（2）运用控制变量法确定多个实验目的。若猜想与假设指出，因变量与多个自变量有关，即实验内容并不是只研究一个物理量与另一个物理量的关系，而是研究一个物理量与一组物理量的关系时，应当运用控制变量法，将一个探究实验分为几个子探究实验，每次只研究两个物理量之间的关系，保证其他物理量不变。每个子实验目的可以表述为：在某物理量不变的情况下，研究因变量与自变量的

[①] 何永健.改进高中物理实验教学的思考［J］.基础教育课程，2013（5）：53-55.

关系[①]。

(二) 选择实验原理

在明确了实验目的后,需要选择实验原理。实验原理是实验方案设计与实验目的的桥梁,是实验设计的重要组成部分,其内容为实验步骤设计的整体思路。

在进行实验原理设计时,需要对实验所涉及的物理量(实验所涉及的物理量一般在实验目的中会有所表述)和实验条件,追溯其产生根源及观测方法,进而确定实验原理。

在确定了实验目的的基础上,对于如何产生相应条件、如何改变和观测自变量和如何观测因变量进行初步设计,先选择每部分的实验原理,进行具体设计,再进行总体整合。这类方法是中学物理实验通常使用的确定实验原理的方法。在解决"确定实验原理"这个问题的过程中,首先学生要在结合已有的知识与经验的基础上寻找与之相匹配的问题图示,失败后搜寻解法,根据物理实验设计方法和创新技法选择实验原理,根据实验实施情况再对实验原理进行进一步的改进。

1. 自变量的改变与观测

自变量的改变与观测其实质是对于实验源和实验对象的选择。

(1) 实验对象的选择。实验对象的选择通常通过实验中所隐含的对于实验对象的特性要求来选择。如光反射实验,对于实验对象的要求就是要能够进行光的反射,为了便于观察,最好能够进行镜面反射,因此选择镜子作为实验对象。

(2) 实验源的选择。现有实验器材提供了多种源,如电学实验中通常是使用电源,静电实验中使用感应起电机,光学实验通常使用激光器等等。实验源也可能不使用任何实验器材,如在探究不同颜色物体的吸热性能的实验中,实验源就是阳光,在很多力学实验中会使用人手的拉力作为实验源。

2. 因变量的观测

因变量的观测问题从物理实验设计组成来看,是对于实验效果显示器的设计与选择。

(1) 直接显示方法。有些实验中,因变量不用经过处理就可以直接进行观察,这类实验通常是一些定性研究的实验。

(2) 间接显示法。大部分实验中,实验现象都需要进行相关处理才能进行观测。因变量的间接显示法又可以分为:

第一,运用实验测量器材进行观测。某些因变量可以运用现有的实验器材进

[①] 李忻忆,邓志文.基于高中物理核心素养的实验教学探究[J].中学物理(高中版),2019,37(6):37—40.

行观测，针对此类因变量，实验效果显示器的选择就是选择合理的实验器材的过程。为了便于学生根据实验原理设计实验方案，实验器材的选择应当尽量选择学生所熟知的，若是其中需要使用学生尚未接触过的器材，教师应当详细讲解其使用方法，必要时要讲解其工作原理。

第二，利用各种实验设计方法进行观测。物理量无法用现有实验器材进行观测，则需要对物理量进行各种处理，这时可以依据各种实验设计方法进行实验原理的选择。

①运用"转换法"选择实验原理。由于某些实验量，很难用现有仪器进行测量，这时可以根据物理量之间的定量关系和各种效应将不易测量的待测物理量转化为容易测量的物理量，而后通过测得的物理量反求待测物理量。转换法其本质是一种间接测量法。物理规律在学生已经掌握以后，当运用其解决问题时，物理规律也具有了方法论的意义，因此，结合物理规律设计实验原理是选择实验原理的一种方法。运用相关物理规律通过测量较易测量的物理量得到不易测量的物理量，其中蕴含着物理实验设计中的转化的思想。

在学生进行实验设计时，已有的实验结论同样可以作为转换的一种方法，结合已知实验结论确定实验原理能够简化实验设计，使实验更加简单、明了。

②运用"放大法"选择实验原理。实验设计过程中，有些物理量因为太微小而不易观察，这时需要对待测量进行各种方式的放大，以利于观察和测量。放大法的方法主要包括：累积放大（通过将微小量进行简单的叠加测量总值后，利用求平均的方法进行测量）和利用力学知识、光学知识、电磁学知识进行放大。

③运用"比较法"选择实验原理。所谓比较就是按照一定的标准，将彼此有某种联系的事物进行对比，以确定其异同，按照比较目的来划分可以分为求同比较和求异比较；按照比较时间来划分可以分为同步比较和前后比较；按照比较对象来划分可以分为单体比较和多体比较。通常使用的两个物体相互比较，实验现象直观且易于控制条件。比较法在物理实验中的应用非常广泛，如运用刻度尺测量物体长度就是运用了"比较法"。

④运用"留迹法"选择实验原理。留迹法是指实验设计过程中，有些实验现象转瞬即逝，需要一些方法将其记录下来，然后对其进行观察测量和研究[1]。

对于通常实验设计中的"实验条件"，一般是从控制变量的角度考虑的。即实验条件的隐含意义应当是除了自变量以外的其他物理量都应当保持不变。

---

[1] 杨娟，张正仁，夏川茴，等.普通高中物理探究实验教学研究[J].物理实验，2017，37（8）：54—57.

3. 实验原理的总体设计与整合

在对实验原理进行了局部的设计后，需要对实验原理进行总体整合。

（1）实验设计同时是一种创新活动，因而在设计过程中可以参考创新技法。创新技法现有一百多种，以下介绍的是与实验设计教学联系较为紧密的创新技法。

第一，运用"希望点列举法"选择实验原理。希望点列举法是通过列举某事物被希望具有的特征，从而寻找具有发明目标的方法。"希望点列举法"一般应用在实验设计初期，对于实验设计前进的方向有着指导性的作用和意义。实验者根据实验目的提出若干希望，确定期望产生的实验效果，结合其他方法解决相应问题。

第二，运用"缺点列举法"选择实验原理。缺点列举法，是通过抓住事物的缺点，以发明创造创新目标的方法。缺点列举法与希望点列举法的实施过程基本类似，在实验设计过程中，学生发现实验设计的缺点，进而根据缺点进行改进是实验设计的一种重要方法。与希望点列举法的不同之处在于，缺点列举法通常在实验设计后期使用，其目的在于改进已有实验或者是在实验设计后期改进已有实验设计。实验者针对已有实验方案从实验原理、实验步骤、实验器材、实验效果、实验精度等方面列出不足之处，针对这些不足找出解决方案，从而对实验进行改进。

第三，运用"移植创造法"选择实验原理。"移植创造法"又称"渗透法"，是一种横向的思维方法，通过相似联想、相似对比，将某个学科领域中已经发现的新原理、新方法移植、渗透到其他领域中去，为解决其他领域的问题提供启示或帮助，从而使之得到新的发展。学生可以结合自己已有知识在实验原理选择时进行各种"移植创造"。

（2）分析实验内容选择实验原理。结合实验内容，可以对实验原理进行进一步的选择。结合实验内容的分析，能够有效减少计算量，提高实验的效率和精度。

（三）设计实验方案

实验方案的设计是对于实验原理的丰满和具体化。实验方案设计是实验设计的重点，实验方案设计包括实验器材选择、实验步骤确定等内容，在进行实验方案设计时，还需要考虑实验的安全性、减小误差和实验来源等内容。

（1）实验器材初步选择。对于实验器材的初步选择可以从两个方面进行，一方面，结合实验原理选择有关器材，即考虑要满足实验原理需要哪些实验器材；另一方面，将已选择器材进行连接，需要相应的连接器材，如导线、细绳等。

（2）结合实验内容选择实验器材规格。在确定实验器材的基础上，还需要确定实验器材的规格，实验器材要能够满足实验的要求，同时在选择实验器材时要考虑实验安全、减小误差等因素。

第一，结合实验安全要求选择实验器材。实验器材的选择首先要考虑的是实验者的人身安全和实验器材的安全。

第二，根据实验精度要求选择实验器材。实验器材在进行选择时，应该注意实验要求选择实验器材精度。

（3）确定实验步骤。在实验方案基本成型后，需要确定实验步骤。实验步骤的确定需要结合物理学知识、实验原理、实验器材来进行。如进行电学实验时，基本的实验步骤是要先断开开关，连接电路检查无误后，闭合开关，观察现象。在确定实验步骤前，明确待测量，实验器材的操作要点等。

（4）设计实验表格。实验方案设计中还需要根据实验原理和实验步骤设计实验表格，因为实验表格可以简单明确地表示出有关物理量的对应关系。在设计实验表格时，需要分清直接测量量和待求量，实验表格分为两种——记录表格（记录原始数据即直接测量量）和计算表格，为了便于数据处理和对比，通常情况下会将两个表格整合为一个表格，并将有关物理量的单位标注于标题栏中，一般在标题栏中标注为：物理量/单位，便于在数据栏中只填写相关数值大小。实验表格中一般还会标出实验条件和直接测量量与计算量的计算关系，便于随时检查测量结果是否合理，并有利于找出有关物理量之间规律性的联系。在设计表格时，还应当注意要将对比量放置在一起，以利于得到相关实验结论。

（5）结合实验过程改进实验方案。问题解决过程中，问题解法需要根据问题解决情况进行调整，因此实验方案在经过了初步设计后，还需要结合实验过程进行调整，才能最后定型。

三、高中物理实验教学改进策略

（一）转变观念，提升实验的重视程度

观念是行为的先导。教师只有具备明确的、正确的教育理念，才能在正确教育理念的指导下，优化教学方案、实施行之有效的教学策略，最终提升课堂教学的有效性。教师应以转变实验教学观念作为首要任务，首先，教师应在思想上给予足够的重视，不断加强实验教学的比例，并为实验教学提供良好的外部环境、提供实验设备等，保障实验教学的顺利进行。同时，教师还必须要做好实验教学的备课，充分利用一切资源，确保学生能够在实验教学中获得知识，完成核心素养的提升。其次，教师应尊重新课程理念下的"学生主体性"原则，结合现有的材料和生活资源，引导学生围绕教学内容开展各项自主实验活动，使得学生在实验学习中有所收获、发展。最后，教师要参与学生的实验探究活动，通过问题引

导学生的实验思路，启发学生多进行观察和思考，提高学生的操作、分析和思辨能力。

（二）优化实验设计方案，发展学生的物理核心素养

在高中物理新课程改革背景下，教师精心设计物理实验教学方案，以发展学生物理核心素养。

首先，优化实验教学目标。教师在设计物理实验教学方案之前，应对新课程标准下的物理教学目标进行全面、深入的分析，并对学生的实际情况进行调查。在此基础上，对实验教学目标进行优化，制定出契合学生实际情况的多层次实验教学目标，最大限度满足新课程改革下的学生实验学习需求。

其次，围绕学生"主体件"优化实验设计。教师在设计物理实验教学方案的时候，应紧紧围绕学生的主体地位，以培养学生探究能力、创新能力作为主要目标，引导学生通过自己思考，设计实验方案，选择实验器材，在实验中观察数据，发现其中的物理规律，得出结论，让学生感受物理实验的魅力。

最后，对教材中演示实验进行重新设计。新课程标准下，为了实现学生物理核心素养的培养目标，应注重演示实验的价值。以高中物理"楞次定律"演示实验教学为例，为了更好地实现学生物理核心素养，教师就改变了以往按照教材进行演示实验的教学模式，对其进行重新设计，使其成为探究性实验：教师结合日常生活中常见的现象，让学生思考是否可以用磁铁吸引铜。之后，教师引领学生以小组的形式，展开讨论、交流，最终针对这一实验形成大胆、合理的想象，用磁铁垂直穿过细绳吊着可以沿线圈中心线移动的闭合铜线圈就可以实现，并在此基础上开展实验验证；最后，在实验验证过程中，教师引领学生进行观察和记录，发现磁铁真的可以吸引铜，激发学生兴趣的同时能够让学生探究这一现象后的物理规律。

（三）改进和优化实验教学策略

教师要以学生为实验主体，根据学生兴趣和探究内容不断优化和改进实验教学策略，让物理实验更加契合学生的预期和兴趣，这样学生才能够自主深入地进行实验，获得知识和经验。

首先，教师应充分借助信息技术的辅助，使得学生在直接观看中，提升实验教学的有效性。以"小车速度随时间变化的规律"实验教学为例，教师在优化实验教学的时候，就借助了移动终端、多媒体等信息技术，将两者有机结合到一起。如此，不仅提升了学生实验学习兴趣，也将实验现象全面、清晰地展现在学生面前，通过信息技术具体显示出小车瞬时速度，其变化规律就一目了然。

其次，合作探究实验。高中物理核心素养背景下，应围绕"学生探究能力、合作能力"的培养，引领学生以小组的形式，在合作、交流的过程中，通过完成实验的探究学习，促使学生在这一过程中，发展自身的物理核心素养。以"测绘小灯泡的伏安特性曲线"实验为例，教师引导学生各负其责，互相配合与合作，有的负责操作、有的学生负责记录数据等，共同参与到整个实验教学中，经验共享任务共担，提高实验效率。

最后，联系生活开展实验。核心素养下，教师应坚持"从物理走向生活"的理念，融入生活元素开展物理实验，引领学生在生活化的实验中，有所收获。在"自由落体运动"实验教学中，教师就引导学生结合身边的粉笔、书本、黑板擦等最为常见的器材开展试验。如此一来，在富有生活化气息的实验素材中，真正实现了生活化实验教学。

（四）实施开放性实验、课外实验、社会实践

面对高中物理新课程改革下的实验教学目标，物理教师在优化和改进实验教学的时候，还要增加开放性实验教学、课外实验教学，丰富实验教学内容，优化实验教学效果。

首先，高中物理教师在开展开放性实验教学的时候，应指导学生自行设计实验方案，并结合自己的实验方案、实验补助等，进行验证。

其次，教师在优化物理实验教学的时候，还必须要拓展实验教学内容，引领学生积极开展课外实验，使得学生在课外实验中，发展自身的物理核心素养。

最后，教师还应该指导学生利用所学的物理知识，积极开展课外实践，促使学生在动手实践的过程中，深化所学的理论知识，发展自身的物理核心素养等，最终实现自身的全面发展。

第四节 高中物理教学的思想方法与问题解决教学策略

一、高中物理教学的思想方法

（一）物理思想方法的内涵

所谓思想，亦称"观念"，是指人类在社会实践活动中对客观事物的认识。物理学是研究物理现象、物质结构、物质相互作用和物质运动规律，而物理思想是在研究物理学过程中产生的，对物理学中所含的基本概念、规律、定律等知识的进一步总结，是物理学科所特有的思想，更是物理教学中的灵魂和精髓所在。

物理思想方法是物理概念、物理规律和物理理论的进一步深刻理解之后形成的认识，是在研究物理问题过程中的一些物理观念、物理思想和物理方法。

物理教学中需要运用物理方法解决物理问题，而物理思想则是解决物理问题的理论基础，二者在物理教学中有着密不可分的关系。物理思想对物理方法在教学中的应用具有一定指导作用，反过来物理方法则是物理思想的应用基础和直接的体现。二者在物理教学中是相辅相成，缺一不可的，没有物理思想的物理方法，那物理方法仅仅是一个工具而已，失去了物理学的灵魂；没有物理方法的物理思想，那物理思想就难以表现和实现。所以在物理教学中应做到坚持将物理思想与物理方法相结合，实现两者的价值与作用。

"物理思想方法"正是物理思想与物理方法的辩证关系下相结合的产物，它是指以高中物理教学中的物理思想作为理论依据，将这种物理思想渗透于解决物理概念、规律等物理问题的一种将物理思想与物理方法进行有机结合的产物。"物理思想方法"是物理教学中蕴含了物理思想的一种物理方法，也是一种采用物理方法解决物理问题的物理思想。例如"化曲为直"是物理教学的一种物理思想，往往"化曲为直"应用于物理教学中更是一种解决物理问题的方法，因此，"化曲为直"既像是物理思想，也像是物理方法，就称为"化曲为直的思想方法"[①]。

（二）物理思想方法的渗透策略

物理教学不仅仅是为了传授学生课本知识，更重要的是注重物理思想方法的渗透，因为物理思想方法在物理课程标准中有明确的体现，同时在物理教学中起着重要的作用。

伴随着物理学的一步步发展，物理知识体系不断地完善，产生了大量的物理思想方法，而它们很好地存在于物理教学的方方面面，是促进物理教学的重要途径，所以教师在教学中如何将蕴含于物理教材中的物理思想方法充分地挖掘出来，并很好地将它们渗透于日常的物理教学当中显得尤为重要，让学生感受到物理学的奥秘，应从以下几个方面入手：

1. 在各个教学环节中渗透

一堂新课的教学过程中包含了很多的环节，常见的教学环节是新课导入、进行新课、升华主题、课堂小结、巩固提升等，每一个教学的环节都是课堂教学的重要组成部分，可以在每一个环节中渗透物理思想方法。例如在进行匀变速直线运动位移与时间的关系的巩固提升一环节时，通过汽车刹车的实际问题可以渗透逆向思维的思想方法。又如对自由落体运动的研究，引入新课这一环节中，可以采用简单的演示实验：由同一高度静止释放质量不同的橡皮和纸片、质量相同的

[①] 蒲相元，张迪. 浅谈高中物理习题课教学模式的探究[J]. 中学物理（高中版），2018，36（6）：26-28.

纸团和纸片，两组实验的"对比的思想方法"得出影响物体下落快慢的因素，从而导入新课，研究自由落体运动的规律；在进行每堂课的小结时，也可以通过"类比、对比的思想方法"来总结归纳本节课的知识内容，使学生形成知识体系。

2.在各种课型中进行渗透

在平时的新课教学、实验教学、习题教学等课型中都可以渗透物理思想方法。物理教学中的物理概念、规律等知识的得来都是经过一系列物理学家不断地探索而产生的，物理知识都蕴含着丰富的物理思想方法，教学中可以让学生在习得物理知识的同时，去体会物理概念的定义及其规律的推导过程，知道利用物理思想方法得到知识，而且了解物理知识的由来，做到知其然还知其所以然。进而接收物理思想方法的熏陶，培养学生自主学习并获取物理知识的能力以及科学探究物理实验的能力，这样就能逐步形成敢于探索奥秘的科学态度与科学精神。

3.在生活、社会中进行渗透

物理与学生生活、现代社会和科技发展的联系非常密切，物理知识也来源于生活、社会当中，而又高于生活，在生活和社会当中也蕴含着很多的物理思想方法。所以应该把物理思想方法渗透于生活和社会的方方面面，让学生认识物理在生产生活中的广泛应用，关注当代科学技术发展的重要成果和新的科学思想，关注物理学的技术应用所带来的社会问题。

4.在物理概念、规律、实验中进行渗透

物理思想方法在新课教学、实验教学、习题教学这三种教学内容中都有着广泛的应用，始终贯穿于整个物理教学之中。对于学生理解物理概念的内涵与外延，了解物理公式的推导，掌握物理规律的真谛，能自主进行物理实验的探究等方面起着重要的作用。

（1）渗透于理解物理概念。物理教学中会涉及很多的物理概念，而这些概念是对物理知识的进一步总结概括，有的概念比较难以理解，借助物理思想方法进行教学可以让学生更直接地感受到物理概念的由来，定义的过程，有效地提高学生理解的程度。比如利用比值定义的思想方法来理解抽象的电场强度，它是与试探电荷所受的电场力、试探电荷所带电荷量无关的物理量，而只由电场本身性质决定。同时还可以在理解电场强度的基础上通过类比的思想方法去理解描述磁场强弱的磁感应强度，同样可以达到事半功倍的效果。

（2）渗透于掌握物理规律。物理教学中的物理规律是物理学家经过长时间研究和推导出来的，其过程是比较复杂的。而运用物理思想方法可以让学生经历探究物理规律的艰难过程，领悟伟大的物理学家勇于探索未知世界的奥秘的伟大精神，从情感、态度和价值观的这一教学三维目标中进行教育。

（3）渗透于探究物理实验。在进行物理实验探究的过程中包括实验原理、实验方法、实验步骤、数据处理等环节，而进行物理实验的探究最重要的是要蕴含物理思想方法作为指导。比如实验探究共点力合成的规律时，合力与几个分力的作用效果相同，则合力可以等效替代几个分力，几个分力也可以等效替代合力，所以在进行实验探究时需要运用等效替代的思想方法。

二、高中物理问题解决教学策略

（一）问题解决教学的内涵与要素

1. 问题解决教学的内涵

在对问题解决进行分析之上，问题解决教学具有其特定含义，问题解决教学是在教学过程中，教师通过有目的地提出系列的不同类型的问题或任务，引导学生主动发现、积极探索、实践体验、解决问题，深层次理解并掌握和运用基本知识，实现从能力到人格的整体发展，成为有效的问题解决者的活动。这一界定是在心理学理论和教育学观点的指导下，通过教学实践抽象概括出来的相对稳定的教学活动范式。

2. 问题解决教学的要素分析

从问题解决教学内涵和教学观出发，问题解决教学主要有四个构成要素，主要包括以下内容：

（1）对提出问题的分析。提出的问题是问题解决教学的第一个构成要素，教师通过精心设计难度适当而又有助于学生形成认识冲突的问题，让学生在认知上产生一种困惑。良好的问题不但能激发学生的学习兴趣，激活学生的知识结构，还能够促进问题解决教学的有效进行。好问题应该具备以下三个特点：

第一，从学习者角度来看，"好问题"必须具有可接受性、障碍性和探究性。可接受性是指问题要容易为学生所理解，要有一定的意义而容易引起学生对问题的关注。障碍性则是要求问题要符合最近发展区原理，也就是问题的解决办法不是显而易见的，是没有现成的方法可供使用但又确实与已学内容有一定联系的问题。探究性有两层含义：一是学生能进行探究；二是探究的过程有明确的价值取向（涵盖教学内容的价值、思维的价值或是人文的价值）。

第二，从教师角度来看，"好问题"应当有可控性：可控性是指教师通过问题的选择，能够控制与诱导学生围绕在教学中心上。由于中学教学任务繁重，要将问题解决应用于日常教学，这点便是教师们关注的一个大问题。在选择问题时注意到问题的可控性，这一难题便可以解决，教师也克服了问题解决教学总有一种"高处不胜寒"之感。

第三，从问题结构来看，问题要具有可生性、开放性。可生性是指选取的问题要有新问题或新生长点，能够在更改条件下产生新的问题，或是能够迁移、变形。开放性则有三层含义：一是条件的开放；二是结论的开放；三是求解过程的开放。

（2）对分析问题要素的分析。分析问题是问题解决教学的第二个构成要素。是在提出问题的基础上，引导学生从已有知识对所处问题情境进行分析，通过思维加工，剔除无关信息，从而获得对问题的本质认识。在心理学上，这一步骤也被称为问题的表征过程，即识别已有信息和问题的目标状态，明确问题的类型，了解问题的实质，把任务分解为比较具体的子任务，以便逐步缩小起始状态和目标状态之间的距离。教学中，学生在面对具体问题时，会根据个人的知识背景和思维习惯来选择性地注意问题情境中的某些特征，从不同的角度表述和理解一个问题，这种表征具有个性化特点，不仅是简单的任务分解，还是将个人头脑中长时记忆力的原型与问题进行匹配的过程。表征能力强的学生头脑中储存的是一类问题的共同特征和一类问题分析的思路，而表征能力差的同学遇到陌生的问题时，就会盲目地尝试，缺乏思考的策略，无法正确地表征问题，因此，问题解决教学中教师应该选择多样化的表征策略来帮助学生识别和分析问题，教师可以根据问题情境的特点来选择用文字表征、图像表征和示意图表征等策略来表征问题，促进问题解决教学的进行。

（3）对解决问题的分析。在对问题进行分析，引导学生对问题有了本质认识之后，教师要指导学生寻求方法解决问题，也就是要经历解决问题的过程。根据前面叙述认知心理学理论可知，解决问题的过程就是在问题空间中搜索解决途径的过程。搜索问题解决途径的方式有三种，分别是随机式搜索，算法式搜索和启发式搜索。

随机式搜索是指在事先没有得到任何信息或毫无计划的条件下进行的一种搜索，这种搜索有效率约等于零，所以在问题解决教学中不宜采用。

算法式搜索是指在缺乏具体目标的情况下进行穷举一切可能的搜索。采用这种方式虽然能够保证解决问题，但是既耗费时间，又耗费精力，如果问题空间比较小，还可以考虑尝试，否则也不易在问题解决教学中使用。

启发式搜索是一种运用有关信息或已有知识经验来寻求解决途径的方式。这种方式既省时间又省精力而且能够充分利用问题解决者认知结构和情境中的有效信息，在问题解决教学中，教师应从这一方式出发采用多种教学策略，激活学生的相关知识结构，使问题情境中的命题与认知结构联系起来，促进学生积极参与，积极思考。

（4）对评价反思的分析。评价反思是问题解决教学的第四个构成要素，即教师在引导学生经历问题解决过程，获得新结论之后。对解决问题的过程，方法，进行评价反思。在教学中，要求教师通过引导学生收集、整理有关假设的材料，分析、概括得出结论，教师可以在每一次解决问题之后，引领学生总结学习到的新知识，让学生反思自己学到了什么，在小组活动中做了些什么，是通过怎样的方法来解决问题的。通过评价反思的应用，使学生将新知识与原有的理解联系起来，有意识地提炼出概括性的知识，将相关概念、具体技能与遇到的问题相结合，从而防止知识变成惰性的，或过于受到情境的限制等弊端。

（二）高中物理问题解决教学的教学策略

1. 创设问题策略

物理问题解决教学的活动是围绕问题而展开的，问题的选择与创设决定了问题解决教学的有效进行。教师在选择物理问题时，要从学生的认知结构中选取一个合适的生长点，把新知识与认知结构联系起来，运用语言、文字、多媒体、演示实验以及习题等方式来创设问题。

（1）导入设疑，激发学生学习动机。哪里没有兴趣，哪里就没有记忆。兴趣是学生进行学习的最主要动机，也是发现问题，分析和解决问题的最重要原动力。教学中，学生思维最活跃的时间段为课堂开始的前几分钟，教师可以选择在课堂开始时创设能引起学生兴趣的问题，通过生活中的现象、实物模型、物理实验、多媒体展示等多种途径来提出问题，特别是针对学生头脑中错误的前概念，提出问题，激发学生的认知冲突，让学生意识到面临的问题与自身的认识相矛盾，从而在思维上出现一个相对比较高的兴奋点，同时也让学生感到物理知识就在生活中，保持其对自然界的好奇，发展对物理的探索兴趣。

（2）递进设疑，引发学生思考。由于学生物理思维存在一定的弱点，在对问题理解和分析上有所欠缺，如果创设的问题难度过高，就会偏离学生的"最近发展区"，导致学生产生费力爬坡的弊端，为了避免这样的问题出现，要求教师在创设问题时，应注重问题选择的层次性，设计由浅入深、由简到繁、由表及里的递进式的问题，使学生掌握物理概念的本质，领悟研究物理问题的方法。提出的问题要注意层次清楚，要照顾释疑推理的逻辑性和由易到难的梯度。

通过循序渐进的问题来启发学生对物理问题的思考，在学生积极思考解决问题的同时，也培养了学生主动求知，积极参与的精神，更重要的是在今后的物理学习中，能够自主地对于物理知识产生疑问，对于学生在问题解决教学中问题意识的培养有着重要的作用。

（3）诱导设疑，构建问题解决桥梁。学生有时在面对物理问题时，不会分析物理过程、建立物理模型，教师可以设置部分习题来引导学生分析物理过程，利用物理概念、规律、方法解决问题，在学生思考问题或演练习题遇到困难时，为学生解决问题搭梯子,在较难习题的关键处设疑,来排除学生在解题中的钉子,但又不包办代替,而是让学生在释疑中(通过设疑所搭之桥)求得解答,由于高中生正处在特殊的年龄阶段,具有体现自我价值的愿望,都希望自己在学习活动中能取得成功,根据这种心理特点采用诱导设疑的方式对问题解决教学的推进有着重要的意义。

2. 分析解决问题策略

物理问题解决教学中,在创设问题的基础上,教师要选择恰当的方式呈现问题,引导学生对提出问题进行分析,让学生经历探索的过程,独立分析和解决物理问题,达到知识的意义建构。

(1)选择多种方法表征物理问题。物理学习中,学生对物理问题的理解非常关键,由于教学中问题的呈现形式不同,学生对于问题性质的了解也有所不同。学生有时无法理解物理问题,感觉无从下手,针对这一症结,教师可以采用多种表征的策略。所谓表征就是指"信息在头脑中的记载或呈现方式"。利用该方式可以使学生摒弃无关信息的干扰,把思维的重点放在问题的关键处或者"题眼"上,识别出物理问题陈述中的重要要素和问题要素之间的关系,对物理问题本质达到最佳理解状态。在物理问题解决过程中,可以采取的多元表征形式有这样几种:文字表征、数学表征、图形表征、示意图表征。

文字表征就是将创设问题情境中的物理过程、推理用文字的形式表示出来。数学表征是指用方程、数学表达式来描述物理过程、情境或推理过程。图形表征是指用连续性图像,离散性图形或图标来描述物理过程、情境或过程。示意图表征是指用图画,形象地描述物理模型、物理过程、情境或推理过程。可以看到对于同一个物理问题,采用不同的表征手段可以清楚地呈现问题中的物理量和物理过程,帮助学生从多角度思考物理问题,发展学生的发散思维能力,掌握解决问题的物理方法。

(2)运用类比提供解决问题线索。类比是指通过引导学生在已有知识结构中提取有效信息,并将新问题与已有信息进行比较,找出两者之间的联系,进而利用已有的问题解决方法来解决新问题。类比的关键之处就在于新问题与原有知识之间有相似或可以类比的地方,可以是问题情境之间具有相似性,也可以是表面关系之间具有相似性,还可以是深层关系上具有相似性。在物理问题解决教学中,教师可以运用类比为学生提供线索,启发学生的思维,引导学生抓住主要矛盾,忽略无关或次要因素,将问题进行转换,找出新旧问题在深层关系上的相似性从而获得解决问题的方法。教学中教师可以将陌生的现象与熟悉的现象进行类比,可以将陌生的概念和熟悉的概念进行类比,还可以将陌生的习题与熟悉的习题进行类比,在找出相似性的基础上设想解决问题的线索。类比策略的运用,不仅能够将研究问题条理化、系统化，还能够巩固学生的已有知识，扩展学生的知识视野，提高学生的分析问题和解决问题的思维能力。

（3）将复杂问题分解，搭建小步子解决台阶。在物理问题解决教学中，对于一些复杂的问题，如程序性知识（即如何运用概念规律去解决问题）的问题时，往往难以直接找到解决的思路，这时，教师就应该从学生的最近发展区出发，把问题分解为一系列相互联系、具有一定层次结构的具体问题（也可以称为"搭建小步子台阶"）来解决。

（4）运用探究式活动，引导学生独立探索。所谓探究式是指通过对问题的分析，先提出对问题的假设，即对问题的一种推测性论断和假定性解释，然后设法收集能够证实假设的证据，通过对收集到的证据进行抽象概括确定问题的答案，从而达到目标状态的一种策略。结论几乎总以完成的形式出现，读者体会不到探索和发现的喜悦，感觉不到思想形成的过程，也就很难达到清楚、全面理解的境界。在对提出问题进行分析时，教师可以选择运用探究的方式来进行。引导学生针对问题提出几点假设或猜想，鼓励学生采用小组合作，讨论，动手实验的方式来认真观察实验现象，自主地搜集与探究问题相关的各种信息材料，指导学生进行记录，并启发学生运用物理科学逻辑思维方法，对实验数据或相关信息进行分析，对所探究的问题做出解释。使学生在经历猜想—假设—验证探究解决问题的过程中，学会物理科学研究方法，建立新的物理概念与规律。

（5）鼓励学生对问题解决过程进行梳理与反馈。梳理与反馈是在问题都得以解决，问题解决教学将要结束之时，对当堂课学生学习到的物理概念和规律进行整理与总结。整理与总结是将物理知识与技能通过"同化"或"顺应"的心理认知机能来"平衡"认知结构的必要步骤。问题解决教学中，教师应及时地鼓励学生对问题解决过程进行梳理，让学生通过梳理解决问题过程，使思维过程得以再现。从而强化在问题解决过程中学到的物理知识体系和物理科学方法，也使学生的物理知识得以同化或顺应而形成新的物理认知结构。在进行梳理的同时还要求学生积极地予以反馈，反馈的方式则可灵活多样，如在概念学习后以辨析、类比方式反馈，可以通过布置阅读、练习和实践等课外活动进行反馈，也可以让学生撰写学习心得或小论文，等等。

3.评价反思策略

在提出问题，分析和解决问题之后，还需要教师适时地指导学生对分析和解决问题过程进行评价与反思，评价反思是实现自我监控的主要形式。研究表明，在具备一定知识和策略的基础上，学生的自我监控水平是影响其问题解决能否成功的关键因素。在问题解决教学中，教师应适时地对问题解决过程及其结果进行批判性思考和评价，同时也要提醒学生不时地停下来对自己的问题解决过程做出评价，教师则应根据评价结果，随时对解决问题的方法和步骤做出调整和完善。此外，反思策略还表现为在获得问题的答案后，学生自觉地从更高的层次上反思评价自己解决问题的过程。比如，得到的结果是否与预期目标相一致，问题的解决用到了哪一部分知识，在解决问题时用到了哪些方法和策略，是怎样想到用这种方法的，还有没有其他的方法，等等，因此教师要适时、适当地在问题解决教学中运用评价与反思的策略。

第五章 基于核心素养的高中物理教学评价

植根于核心素养,确定评价标准;内嵌于问题情境,设计评价内容;立足于教学过程,制定评价指标的学习评价策略。本章针对高中物理教学评价的基本理论、基于多元发展性学生评价体系的构建与实践、高中物理教学设计的评价、高中物理课堂教学的评价、高中物理课堂教学效果评价五个方面展开讨论。

第一节 高中物理教学评价的基本理论

一、理论基础

以科学发展观、多元智能理论、建构主义理论、新课改理念和系统论为指导,将教育测量、教育统计作为教育质量评价的基本技术手段,通过"学为中心"的物理教学评价,培育学生的核心素养,促进物理教师专业成长,促进学生、教师和谐、有序、协调、可持续发展。这些理论给了我们很多启示:

第一,评价要回归教育本源,在价值取向上从过度追求现实功利转向追求评价对人的发展价值[1]。

第二,"以学论教",以学生的发展需求来决定教师的教学策略,将教学过程与评价过程整合,教学目标与评价目标一致,从学生视角审视教学,关注"全景式"教学过程,评价过程突出师生互动,给师生提供全面准确的教与学信息,让评价成为师生改进教与学的有效手段,使学校教育满足每一个学生的发展需求。

第三,评价是为学生的健康成长加油,多一把尺子就多一批好学生,教育就

---

[1] 许敏萱.核心素养下将物理学史融入高中物理教学的研究[D].大连:辽宁师范大学,2020:4—12.

是让学生有幸福感,对教师最好的福利是激励,评价要让师生体验成功,在激励中取得更大的成功。

第四,评价以学生在原有基础上发展"增量"为依据,关注学生认知结构、学习方式、知识水平差异,构建满足学生差异化发展的个性化评价方法,实现评价主体、内容、方法、结果呈现和功能多样化。

第五,根据系统理论,形成教学质量评价和教与学过程整合的策略和方法,坚持课程、教学、评价、反馈、改进的整合和协同推进,实现评价各个环节的有效对接。

第六,要推进教学指导功能升级,即掌握研究科学的评价理论和手段,把评价作为指导教学的有效手段,从经验转向证据,建立基于评价结果的改进和干预机制,指导学科组制订教学改进计划。使物理教学质量评价成为改进教学和学生学习的有效手段,成为激活师生发展内驱力的长效机制。

二、评价原则

(1)过程性原则。评价应以促进学生物理核心素养的提升为目的。围绕"物理观念""科学思维""科学探究""科学态度与责任"等核心素养收集反映学生发展情况的信息,判断学生达到的水平和学习中的问题,明确进一步学习的方向。

(2)科学性原则。评价过程中所收集的数据和资料符合学生的实际情况,评价的方法指向学生的物理核心素养,反映学生核心素养的真实水平。

(3)发展性原则。评价不仅要依据课程标准全面检查学生所学的基础知识和基本技能,更重要的是要深入检测学生是否通过基础知识和基本技能的学习形成正确的物理观念,是否掌握了科学的思维方法,是否具有较强的探究、解决实际问题的能力,是否具有科学的态度和责任感,判断学生所达到的核心素养水平。

(4)多元化原则。定性评价和定量评价相结合,过程性评价与发展性评价相结合,自我评价与同伴评价相结合,不同类型课程选择不同评价方式和方法,提高评价的针对性和可操作性,及时准确地反馈评价结果,保证评价结果与改进策略的一致性。

(5)激励性原则。激励性评价让师生体验成功,优化教学过程,重视师生在教学质量评价中的主体地位,增强他们的参与意识。要将评价作为进一步促进学生学习和发展的重要手段,建立学生成长记录档案,记录学生成长轨迹,激发个性潜能,激励学生不断地发展进步。

三、评价任务设计

教师要根据必修和选修模块阶段性、层次性的特点以及学生个体差异等,设计有效的评价任务。教师要理解核心素养的内涵，认识到学生核心素养的发展是一个自我建构、不断发展的过程，领会真实物理情境在评价学生学科核心素养方面的作用。评价任务设计要符合学生的认知特点，着力提高学生分析综合及创造性解决实际问题的能力。

（一）教学设计评价

教学设计评价是指依据评价目标，运用科学方法，对教学设计进行价值判断。教学设计的评价是一种系统过程，一种特定的持续性活动，包括确定评价目标、收集有关资料、描述并分析资料、形成价值判断、做出决策等步骤。教学设计评价的实质是从结果和过程两个方面对教学活动予以价值上的确认，并引导教学设计工作沿着预定目标的方向进行。对教学设计成果的评价有形成性评价和发展性评价两种形式。

教学设计形成性评价也叫过程性评价，是在课程研制、教学过程和学习过程中对课程编制、教师的教学和学生学习的动态进行的系统性评价，目的是及时了解活动进程的效果，及时反馈信息，以便及时修正、及时调节、及时强化。这种评价的结果，主要用于改进工作，不注重区分等级。

（二）发展性评价

发展性评价是指在教学活动告一段落时，为了解并确定其成果而进行的评价。

（1）根据核心素养和学业质量标准的要求，制定评价目标。评价目标的描述，要明确、具体、可测，体现一定的概括性。要说明学生在什么样的问题情境中，运用哪些物理知识与思想方法，其行为应达到什么样的水平。

（2）根据评价目标和课程内容要求设计评价内容。评价内容的设计应以物理基本概念和规律为依托，指向核心素养，创设有利于学生讨论、探究的真实问题情境，评价学生在真实学习环境中核心素养的表现水平，以提高评价的真实性和准确性。评价内容主要包括：

第一，物理观念评价。学生关于物质、运动与相互作用、能量等物理观念的发展水平。如，能否理解所学的物理概念和规律及其相互关系，能否正确描述和解释自然现象，能否综合应用所学的物理知识解决实际问题。

第二，科学思维评价。学生从物理学视角对客观事物的本质属性、运动规律及相互关系认识的科学思维发展水平。如，能否将实际问题中的对象和过程转换成物理模型；能否对综合性物理问题进行分析和推理，获得结论并做出解释；能否恰当使用证据证明物理结论；能否对已有结论提出有依据的质疑，采用不同方式分析解决物理问题。

第三，科学探究评价。学生提出科学问题、获取证据、做出解释、表达交流等能力的发展水平。如，能否分析相关事实或结论，提出并准确表述可探究的物理问题，做出有依据的假设；能否制订科学探究方案，选用合适的器材获得数据；能否分析数据，发现其中规律，形成合理的结论，用已有物理知识进行解释；能否撰写完整的实验报告，对科学探究过程与结果进行交流和反思。

第四，科学态度与责任评价。学生在认识科学本质、形成科学态度和社会责任感方面的发展水平。如，能否认识到物理研究是一种对自然现象进行抽象和理想化的创造性工作；是否有学习和研究物理的内在动机，坚持实事求是，在交流中既能坚持观点又能修正错误；能否依据普遍接受的道德规范认识和评价物理研究与应用，具有保护环境、节约资源、促进可持续发展的责任感。

（3）依据核心素养内涵和水平划分制定相应的评价指标。评价指标制定要针对评价内容，依据核心素养的内涵与水平制定评价指标，对不同水平进行具体描述，要体现学生在具体学习活动中的行为表现。

第二节 基于多元发展性学生评价体系的构建与实践

一、多元发展性学生评价的内涵

学生评价是根据一定的评价标准，运用一定的评价方法对学生的行为给以及时有效的指导，是对学生学习进展与行为变化的及时反馈。学生评价是教育评价机制中最重要的组成部分，它既包括知识掌握程度的评价，也包括对学生思维、能力、情感、态度、个性特点、兴趣、爱好、心理情感等各方面的评价。学生评价的主要类型有教师评价、小组评价、同伴评价、定位评价、形成性评价、诊断性评价和终结性评价等，这些评价对教学过程能起到非常大的激励促进作用。适时适度的评价有助于教师对学生学习的起点进行了解，从而正确地确定教学目标；有助于教师了解教学中存在的问题，修正教学计划或者改进教学计划；有助于教师弄清学生的学习情况，协助学生找出亟待解决的问题；有助于学生进行自我反思，自我发展，增强学习的动力，激发学习兴趣，促进学生的发展。

多元发展性学生评价认为学生的能力是多种多样的，应该从多方面多角度反映学生的学习与发展情况，重视学生发展的可塑性，尊重学生发展的差异性与无限性，充分发挥学生多方面潜能，通过多元发展性评价工具，使学生对自己科学定位，在评价的过程中树立自信心，从而实现学生评价真正意义上的回归[1]。

---

[1] 李友兴.凸显学科核心素养的高中物理教学策略[J].物理教学，2020，42（7）：23-27，29.

（一）评价内容多元化

物理学科的学生评价的内容要多元化，要从知识与技能、过程与方法、情感态度与价值观三个方面进行评价，要对不同的学生因人施教，使所有学生都能通过评价反馈得到激励和成就感，从而让所有学生都能够个性化发展，都能够健康快乐地学习。

1. 知识与技能的评价

对学生知识与技能的评价，不仅要按照普通物理新课程标准评价学生的知识技能是否掌握，更要关注学生在获取知识技能过程中的各种具体表现。进行评价时，要关注学生对知识的理解和应用，关注学生技能的提高，要探索并设计各种有利于学生思维发展和能力提高，联系生活实际的开放性的题目，不宜过多考查机械识记性的内容，不应该为了考查故意的在一些枝节问题上设置一些障碍，让学生出错，从而形成认识误区，使学生产生物理真难学的心理，惧怕物理。对物理知识和技能的考查评价要尽量融合于物理情境中，有利于学生快速建立物理模型。例如，评价学生是否理解"超重失重"，可以让学生体会电梯在上升过程中处于加速、匀速、减速过程中，人对地面压力与重力的关系，也可以让学生思考人造地球卫星在发射、进入轨道和着陆时宇航员对座位的压力与其重力的关系，或者让学生观看宇航员在宇宙飞船中的生活片段，充分体验完全失重。然后根据学习者的理解和回答，做出客观正确的评价。

2. 过程与方法的评价

在学习过程中，我们一方面要注意对学生观察理解能力、独立思考能力、提出问题的能力、设计创新能力、实验操作能力、记录和处理实验数据的能力、沟通交流能力、解决问题的能力等进行评价，还要关注学生对活动是否积极参与、是否全身心投入、在活动中是如何表现的，是否取得进步，并记录好相应的情况，便于对学生前后表现进行比较。要关注学生是否主动地去学习物理，是否积极参与物理活动，是否愿意听取别人对自己提出的合理化建议，是否主动与同学交流学习心得，是否在评价过程中不断反思自己的学习过程和学习方法，并不断进行改进，是否敢于质疑，提出与别人不同的认识，是否在物理学习中遇到困难时，能够积极寻求解决问题的办法，找出原因迎难而上，越挫越勇。

例如，对学生完成"测电源的电动势和内阻"探究活动进行评价时应该考虑三个方面：①根据所学知识设计实验动手操作的评价标准为：可否形成一个正确的电路；能否做出正确的判断；是否符合实际；是否可操作，是否是最优的方案。②观察与实验的评价标准为：能否按电路图连接成正确的电路；实验过程中操作是否规范，是否具有良好的实验习惯，如是否闭合开关前检查了电路的连接、实验做完后是否整理好了实验器材等，是否用正确的方法记录了实验数据，数据处理的方法是否合适，通过实验数据能否得出正确的实验结论等。③表达与交流的评价标准为：能不能与其他同学相互交流探讨、能否提出建设性的意见，能否完成实验报告；能否主动汇报交流，并且在汇报交流时清楚准确地表达实验过程和结果，并且实验结果非常准确。

3. 情感态度与价值观的评价

高中学生正处于青春期，对自然现象和物理现象充满好奇心和求知欲；他们的情感、意志以及价值观等还具有不确定性和可塑性，对很多问题的认识还不全面，看法还不成熟，还需要教师进行合理的引导，从而在学习过程中逐渐形成良好的习惯和正确的价值观，并且慢慢得到强化。情感态度价值观的评价主要是对学生在各类物理课程活动中的具体表现进行综合测评，如：是否积极参与；是否态度端正，实验数据的记录是否足够严谨；是否愿意学习物理课程；是否对社会生活中的物理新技术足够关注，对物理、技术与社会关系的认识等来评价学生在物理态度、情感与价值观上的变化。评价可通过学生的自我反思、学生之间的互评和教师对学生的综合评价、学生父母对学生的质性评价等相结合多元地进行。

例如通过开放性的活动，在很大程度上激发了学生的学习兴趣，提高学生学习物理的主动性，同时培养学生对祖国、对大自然的热爱，激发学生热爱科学、热爱生活的情感，从而使学生更多地关注科学、技术与社会的关系。通过这些活动，开拓学生的视野，陶冶学生的情操。在活动中还可以结合学生的参与态度，参与方式，参与方案，解决问题的能力，语言表达能力，同学交往能力，接受评估的态度等各方面的具体情况对学生进行全面合理有效的评价。

（二）评价主体多元化

1. 教师评价

教师要对学生各方面表现仔细观察，发现其闪光点，要适度表扬，充分肯定；发现其缺点与不足，要具体准确地指出不足之处以及改进的方向，评价语气要诚恳，让学生感受到关爱。教给学生评价的方法，引导学生了解如何评价。在评价时，教师一定要用不同的标准要求不同的学生，评价的尺子要多一点。要尊重学生差异——学习基础的差异、能力水平的差异、性别的差异等。只要学生在原有基础上有进步，哪怕是最细微的进步，如学生回答问题比以前声音大些，做实验比以前更认真些，书写更规范一些，等等，都应该给予充分的肯定，大力表扬，使学生在心理上获得成功的体验，热情高涨地向更高的学习目标前进。另外我们在课堂教学中，除了要重视语言性评价之外，非语言性评价也不容忽视，一个满意的微笑、一个原谅的目光、一个亲切的手势，对于学生来说，都是进步的巨大动力。

2. 学生互评

学生在某些方面更需要同龄人对其表现做出评价，这种评价往往更能激发学生的上进心，形成你追我赶的学习氛围。通过学生间的相互评价可以让学生学会欣赏别人；可以让学生学会判断优劣，为别人提出合理化建议；还可以让学生学会倾听别人的意见，学会跟同学沟通交流。教师如果再加以恰当的指导，学生间的互评会对学生发展起到良好的促进作用。学生互评方式有好多种：可以是小组与小组之间成果互评，可以是小组长对组员学习情况检查，也可以是学生与学生之间互评，等等。学生互评，以评促学，互动互助，双方在交流中互相激励，取长补短，也可使学生养成认真听别人讲话、互助合作的好习惯。

3. 自我评价

学生自我评价，是指学生自我认识、自我教育、自我反思、自我管理、自我调控的过程。自我评价有利于学生个性发展，使学生通过自我反思感悟，找准自己的坐标，不断激励自我去努力提升自身综合素质和能力。因而自我评价应该成为学生评价最主要的手段，每个学生对照评价细则，进行自我检查评价，自我反思总结，自我调控改进，自我升华提高。学生通过自我反思，能对自己的行为表现做出正确的判断，非常清楚地知道哪方面自己有优势比别人强，哪些方面还存在问题急需解决，从而明确自己前进的目标，不断努力，得到更好的提高。学生的自我评价包括以下四个方面内容：

（1）学生在平日的学习过程中要随时对自己的态度、效率、方法、效果、表现等进行自我反思评价，如：通过听课可以评价自己的预习效果；通过课堂练习可以有效地评价自己上课听课质量；通过课后作业评价自己的复习效果，通过运用知识解决问题能力评价自己对知识的掌握和理解情况。

（2）在复习过程中学生对已经掌握的物理知识进行归纳总结，或者画出知识树，与课本或者学习笔记进行比较，然后再进行自我评价，及时调整策略，对没完全掌握的知识点进行及时弥补。

（3）考试在一定程度上可以综合性评价学生知识掌握及其运用情况，评价学生智能发展情况等。考试结束后，要认真细致地研究试题，做好考后分析，查找失分知识点，找出产生错误的真正原因及针对性改进措施。从答题心理、考查知识点、答题技巧、时间分配、知识能力等诸多方面仔细分析，吸取经验教训。只要坚持不懈，扎扎实实地进行，就一定会产生意想不到的良好的学习效果。

（4）自我反思包括：哪些问题我搞明白了？哪些还有些模糊？今天上课我的听课状态还好吗，学习效率怎么样？上课的时候我开小差了吗？碰到解决不了的难题，是因为我没掌握好基础知识，还是知识的运用不够灵活？通过解决这个问题，我有哪些新的收获？

（三）评价形式多样化

物理课程采用的评价手段主要有行为观察与面谈、课题研究、书面测试、社会实践活动、写小论文、记录成长记录袋，写成长日记等方法。

1. 书面测试

书面测试在所有评价方法中最常用，包括我们平常的阶段测试和布置的书面作业等。书面测试的内容不能脱离生活实际，知识考查和能力考查并重、设计的测试题要能够引起学生兴趣，要努力创设物理情境与生活实际相联系，测试试题要具有综合性、开放性和探究性，要能够考查学生各方面的综合素质和能力。测试也不应只以分数定高低，可以从书写、答题的规范性、审题的认真程度及一题多解等诸多方面综合评价学生，甚至可以允许自己认为成绩不理想的同学经过纠错后，提出申请重新对其进行测试。

2. 行为观察与面谈

在一段时间内，对学生各方面表现进行连续观察或者直接与学生面谈，综合学生在物理课程目标达成过程中诸多方面的表现，做出相对客观准确的评价。这种评价方法做出的评价虽然客观准确，但相对要花费较多的时间去进行，因此只适用于对学生某一方面或在某一段时间内的表现做出评价。

3. 课题研究

每学期让学生选择自己感兴趣的物理内容提出课题申请，根据自己选择的课题进行研究性学习，然后根据其课题研究的进程和取得的成果，对其在实验能力、查阅资料能力、交流合作能力、创造性思维能力等诸多方面进行指导和评价。

4. 实践活动评价

物理学科的实践活动主要包括问题探究、实验探究、社会调查、科技制作、问题研讨、演讲表演、论文撰写等。实践活动评价指对学生在实践活动过程中的表现和成果做出评价，可以通过多种方法进行，例如，通过观察、记录学生在实践活动过程中的操作能力、合作意识、参与精神、表达交流能力、语言表达能力等；还可以通过学生实践活动的成果进行评价，如作品与制作、调查报告、观察记录、实验报告、物理小感悟等进行评价。实践活动要体现开放性，多元化，提倡采用个人、小组等多种组织形式。实践活动既可以在学习过程中评价，也可以在课后或假期中单独评价。

5. 成长记录袋

学生成长记录袋应当以学生本人记录为主，教师指导完善为辅，小组成员及家长共同参与，多方面多评价主体共同记录学生在物理学习活动过程中的成长经历。袋内可以放置学生自己对物理学科的学习计划以及目标达成的期望；知识总结图表，学习方法卡片；学完一章后的认识和体会；考试后的小结；小组内成员之间的评价；学生本人对自己的评价；教师的评语；一些好的创意或设计；一些探究性实验方案；物理小论文；物理手抄报；参与社会调查的报告；自己满意的试卷或作业；自制实验模型或者运用物理知识制作的小制作及其照片、在校内外参加各种物理实践活动的过程记录、心得体会、实践成果等各种材料。成长记录袋真实地存放着学生学习过程中的各种有价值的材料，不仅有利于学生对自己的学习情况进行反思和改进，更能对学生产生激励作用。学生为了保存各类优秀的材料，达到升级的目的，总是尽情挖掘自己的潜力，充分表现自身的优点，朝更美好的方向不断努力攀登。而家长、教师也可以随时根据成长记录袋中的资料对学生一段时间内的学习情况进行准确全面的了解，便于从各方面综合评价学生，便于用发展的眼光看到学生的进步，为今后学生的学习、教师的教学工作提供更多的有效的参考依据。同时这种评价方式还有利于学校与家长的交流，让家长也充分了解到自己孩子的进步，看到自己孩子的闪光点。

多元发展性学生评价，覆盖整个学习过程，运用多种评价方式对学生的实践、探究、动手、创造和合作交流等诸多素质进行综合评价，让学生通过评价活动，不断对自我进行反思，从而不断发展自我，升华自我，完成自我发展规划，优化自我多元素质的构成，做到对自己的优点继续发扬，对自己的缺点不断改进，从而达到培养健全发展的新时代人才的目的。多元发展性学生评价，注重动态监控，注重对学习过程的评价，不仅关注学生原有的水平，更关注学生学习水平的提升过程，是一种真正以学生为本，注重学生成长和发展过程的符合新时代要求的学生评价。

二、多元发展性学生评价的理论基础

（一）马克思主义关于人的全面发展理论

马克思主义明确提出人的全面发展理论，即每个人的发展都必须具备完整性、和谐性和多面性。人的各种基本素质包括体力和智力两个方面，能力指从事精神和物质等各方面生产的能力。所以在学生培养上，必须注重培养他们各方面的能力，包括动手能力、动脑能力，合作学习能力，与人交往的能力，等等。学生评价既要注重对知识与能力的评价，更要注重对体力、学习态度等方面的评价；既要重视各种智力的培养和评价，又要重视情感态度与价值观的形成。因此，学生评价无论是评价内容还是评价手段一定要体现多元化。

人的全面发展理论还倡导要充分自由地发展人的个性。人的个性是个人的自我意识以及由此形成的个人特有的素质、性格、气质、爱好、兴趣、特长、情感等的总和。每个学生的特点除了具有一般人共性外，还应该有其独特的与众不同的个性化特点，如情感态度体验，学习方法、爱好特长等可能都会与其他人不一样。全面发展理论引导我们要尊重学生的个性，让其个性得到充分的全面的发展，因而我们在对学生进行评价时要始终贯彻全面发展理论，才能培养出发展全面的符合社会主义需要的新人才。现行的评价体系更多地注重学生的学业成绩，评价内容注重过于稳定和统一，用统一的标准衡量所有的学生，忽视每个学生都有其独特的个性，没有一个评价标准与学生独特的个性相对应。现行的学生评价方法也过分依赖用考试来检测学生能力，考查方法单一也不利于学生发展其独特的个性。根据马克思主义人的全面发展理论，学生评价的方法、评价的标准都要多元化，才能更好地促进学生全面发展。

（二）加德纳的多元智能理论

20世纪80年代，美国著名发展心理学家霍华德·加德纳（Howard Gardner）博士提出多元智能理论，引起教育研究者的注意，一起去研究探索，目前这项理论已经在欧美国家得到了广泛应用。多元智能理论认为，智力具有广泛性和多样性，即人类的智能不是单一的，而是具有多元化。一般认为人的智力至少应该包括语言智力、音乐智力、数理逻辑智力、空间智力、身体运动智力、自我认识智力、人际交往智力和自然智力等多种智力，每个人的智能组合都是独特的。这几种多元化智能之间是独立存在，同等重要的，只要对学生的各项智能进行恰当及时的教育，每个学生的各项智能都能达到较高的水平，从而成为全面发展的人才。

加德纳的多元智能理论为教育研究者带来了新的智力观，同时也为一线教育工作者带来了与以往旧观念不同的学生观和教学观，为我们进行多元发展性学生评价提供了坚实的理论基础。

加德纳多元智能理论给教师带来的全新的学生观。每个学生都有其智力强项和智力弱项，即每个学生都有其独特的智力组成结构。所以在智能发展上不存在失败的学生。所以教师在教学过程中要多去了解学生，弄清哪些方面是学生的智力强项，采取措施使其更加凸显，弄清哪些方面是学生的智力弱项，采取有针对性措施使其智力弱项得到有效改善，从而使得整体智力水平得到提高。多元智能理论为我们提出了积极向上的学生观，告诉我们每个学生身上都有其独特的优点，作为物理教师要善于发现学生"闪光点"，拿起表扬的武器，充分利用其闪光点去促进其缺点的改进，对每一个学生都不要放弃，不能放弃。

多元智能理论为我们带来与以往不同的教学观。因为学生的智力结构是由多种不同的智力因素组成，并不是单一的，因而教师要改变传统的单纯的"教师教，学生学"的课堂结构，不能只是一味地搞题海战术，要根据教学内容，设计各种教学方法促进学生各项智力水平的提高，要因人施教，因材施教。要多设计一些能考查学生多方面能力的教学过程，如通过实验操作锻炼学生的动手能力，通过小组合作提高学生的交流合作水平，通过写小论文，提升学生的独立思考能力和语言表达能力。

多元智能理论提倡新的评价体系。传统的评价体系只是关注学生的知识掌握情况，更多的只是通过检测题进行考查。通过多元智能理论，我们知道人的智力结构是由多方面因素组成的，如果只是关注学生的考试成绩，必然会影响学生总体智力的提高。因而我们的评价体系就要进行改革，应该使其评价的内容更多元化，不仅要评价学生知识掌握情况，还要评价其情感态度价值观，评价其学习方法、思维能力、动手能力、独立思考能力、语言表达能力、交流合作能力等。只有制定多元化的评价方案，才能更好地发现学生的优势智能和弱势智能，才能提高学生各方面的智能。

（三）建构主义学习理论

建构主义来自认知发展理论，是学习理论中行为主义发展为认知主义以后的进一步发展。学习不是教师向学生单方面的传递知识，学生不是被动地接受信息，而是信息含义的主动建构者，学生的学习过程是学生主动构建自己的知识框架的过程；这种知识的建构是无法由他人代替的。学习是通过某种社会文化的参与而内化相关的知识和技能、掌握有关的工具的过程，这一过程常常要通过一个学习共同体的合作互助来完成。

建构主义学习理论要求我们的教学工作应该注意以下三点：

（1）学生的学习过程应该是一个主动构建知识框架的过程，因而学生才是课堂的主人翁，应该在课堂上具有主体地位，教师只是一个引导者，一个学习活动的组织者，决不能取代学生的主体地位。教师应该最大限度地发挥启发、质疑和示范的作用，激发学生的学习兴趣，让学生主动参与到学习过程中来，通过和教师同伴间的互动，借助必要的学习环境和资源，构建其认知结构。

（2）学生主动构建认知的过程是主动的、富有创造性的，因而单一的评价方式对学生是不平等的、不利于学生发展的。应该在评价内容上多元化，鼓励学生多参与课堂，多与同学相互交流，多关注学生的情感态度价值观。在评价主体上要体现多元化，教师不再是学生评价的主宰者，更要注重学生的自我反思，自我管理，自我评价，要让学生相互之间进行评价，这种民主平等、合作参与、协商交流的过程是建构主义的必然要求。同时评价方式也要多元化，尊重学生的学习背景，尊重学生的个性差异，通过多种手段激发学生的内在学习动力，更加有效地去主动完成构建过程。

（3）建构主义认为，学生构建知识的过程与其自身经历，已有的认知结构有很大关系，但由于个人成长过程、自身经历和所处的社会环境会有所不同，人们对事物的认识和理解也会有偏差。因而在学生评价中要因人而异，要关注过程。不能只是单纯用考试结果来对学生进行终结性评价，更多的应该关注学生构建知识的过程，构建多元发展性学生评价。

（四）物理教学论中的系统论和测量评价理论

任何系统只有通过及时有效地反馈信息，才能实现有效的控制，从而达到目的。也就是说，离开了系统反馈，有效的控制不可能实现，因而也无法达到目的。在物理学科教学中，要根据具体教学内容和教学目标，给教师和学生及时反馈信息，让他们了解教学现状及其与教学目标的差距。根据反馈信息，教师要合理调整教学计划，改进教学方法，帮助学生扬长避短，发挥优势，纠正错误，完善自我。学习过程就是学生吸收相关信息后再输出信息的过程，通过反馈和评价知道正确与否的过程。评价信息也是一种反馈信息。如教师把学生输出的信息作为教育者的输入信息，经过精心思考再给予学生评价，学生得到反馈信息后及时调整自己的学习过程。因此，一定要重视教师与学生之间相互的即时的信息反馈，否则，不能形成真正意义上的教学。

教育测量是按照物理学科标准的要求，制定相应的测量细则，从量的规定性上描述或者规定学生各个方面的发展的过程。教育测量理论认为测量和评价是学校的教学体系中必不可少的环节，它们所提供的信息直接影响着多种教学决策。

任何完整的学习过程都离不开评价反馈，而且评价反馈要及时，及时有效的反馈评价才能够有效地促进学习效果。由此可见学生评价的地位是举足轻重的，关系到整个学习过程。学生把学习内容当作输入信息，学生自身通过反思进行自我评价，教师在合适的时机给予及时的评价，同学之间相互监督，相互学习，提出建设性评价，这样学生吸收多方面的综合评价，会更加清醒地认识自己，不断地改进自己，从而使知识掌握得更牢固，能力得到更好的提升，充分激发学习兴趣。评价时要客观公正，虚假的俗套的评价无法起到激励作用，因而教师要讲究技巧，要从多方面发现学生的优点，用合适的方式让其信心十足，发扬其优点。同时也要及时指出学生的不足，让学生知道自己差在哪个地方，以便及时进行纠正，并且还要让学生在纠错的过程中明确自己能够达到的高度，从而不断努力。总之，学习活动离不开适时合理的学生评价。如果没有学生评价，学生便会对自己的学习没有清醒的认识，无论是那一类学生，学习都会失去激励，毫无动力。合理的学生评价在学习过程中是非常重要的，不可缺少的。

教育测量理论告诉我们，评价者要对所掌握的各种有关教学信息进行统计、分析，从而做出正确的反馈评价，认定教学质量和学习效果，调控教学过程，促进学生发展。教育测量要从知识与技能、过程与方法、情感态度价值观等各方面进行。知识技能方面的测量包括：知识掌握程度、知识的迁移应用能力、动手操作能力、设计创新能力等。过程与方法方面的测量包括：课堂学习状态、学习效率、学习过程中是否有提高、严谨治学的态度等方面。情感态度价值观方面的教育测量要从合作交流能力、自我反思能力、独立解决问题的能力等各方面进行。可通过测试、实践考核、实验操作、行为观察、问卷调查、开放性任务、研究课题、写小论文、写物理日记等方法进行测量。要有细致合理可操作的量化方案，同时结合质性评价，而且要长期保存，使多元化评价更好地体现其发展性。

（五）马斯洛的需要层次论

需要层次论是在19世纪40年代由美国心理学家马斯洛提出的。人类的动机是由多个层面的不同层次的不同性质的需求所组成的，各种需求间有高低层次与顺序之分，每个层次的需求与满足的程度，将决定个体的人格发展境界。马斯洛的需求层次理论把人的需求由低到高划分为五个层次，并且对五个层次的需要分别提出针对性的激励方案。其中底部的四种需要可称为缺乏型需要，包括生理需要、安全需要、归属和爱的需要、尊重的需要。只有在这些基本需要得到满足时，个体才会有基本的舒适感。顶部的需要可称为成长型需要，包括求知的需要、美的需要、自我实现需要。成长型需要主要是为了个体的成长与发展，而产生的个体需要。学习的需要属于成长需要中的求知需要，要让个体产生学习需要首先要满足其基本需要。

马斯洛的需要层次论对我们学生评价带来了新的理论依据：

（1）要想让学生主动地学习，首先要满足学生被尊重的需要，这就需要我们教师在课堂教学中体现民主和平等，对成绩好的同学和成绩暂时不理想的同学一视同仁，要让学生感受到教师、同学们对自己的尊重，从而满足学生被尊重的需要，进而激发学生学习的热情，并且让学生也从中学会相互尊重。

（2）要激发学生学习的兴趣，还要让学生归属和爱的需要得到满足。这就需要让学生在评价过程中充分体会到关爱，因此评价不能只用毫无情感可言的量化评价，而应该加入一些体现同学、教师、家长对孩子关爱和激励的人性化的质性评价，量化评价与质性评价相结合，才能更好地满足学生的需要，从而让学生更加喜欢学习物理。

（3）学生评价还要满足学生自我实现的需要。要从多方面设计评价细则，从而从多方面给予学生综合性评价。每个学生都有其独特的与众不同的特点，都有其自我实现的需要，因而要让学生充分表现自己的才能，发现其闪光点，对其进行适时合理的评价，满足其自我实现的需要，进而使其求知欲更强烈。

（六）弗莱维尔的元认知理论

元认知理论是由美国的心理学教授弗莱维尔最早提出来的，元认知包括三个方面：元认知知识、元认知体验、元认知监控。元认知理论的实质就是人们对认知活动的自我体验、自我意识、自我观察、自我控制，也是对思维活动的自我监控和自我调节。元认知知识是通过不断的学习，不断地累积而获得的一些关于认知的程序性或者陈述性的知识。元认知体验是在认知活动过程中随之产生的认知和情感体验。如：某个学生感觉到他上课时状态很好，学习效率很高，所学知识已经全部掌握，所以心情非常的愉快。元认知监控是指在认知活动的整个过程中，明确学习活动的目标、制定合适的操作程序及其实施方案，选择应用合适的方法，预测经过实践后能够达到的成果；然后及时进行自我评价反馈，根据反馈迅速调整方法策略或者及时对目标进行修正，反馈评价策略的具体使用效果以及任务完成进度，学习活动结束后及时对成果进行有效验证，采取相应的改进措施，制定下一阶段的实施方案。

元认知理论给教学评价工作带来的启示：

（1）在课堂教学和学生评价中都要充分发扬民主，为学生创造一个和谐舒适的学习环境，使学生的思维状态始终处于亢奋状态，敢想、想干、敢说，敢于大胆创新，敢于不断探索，敢于发表不同意见，师生之间，同学之间关系非常融洽，相互之间沟通合作非常愉快，学生积极主动地参与自主学习、合作交流，形成和谐良好的学习氛围和健康向上的学习心理。

（2）在学习和评价过程中，要增强学生的自我参与观念，让学生成为学习和评价的主体，培养学生的自我监控、自我调节和自我评价能力，让学生参与评价，通过评价过程对学习过程进行反思总结，通过学生的自我评价，可以让学生更加积极地主动学习，在一些方面控制自己，约束自己，不断地对自己进行鼓励，反思和总结，最终充满信心，不断实现自我升华。

（3）要充分发挥元认知体验对学习对象的激励作用。要通过多元发展性评价让学生看到自己的闪光点，看到经过一段时间后的进步，从而产生愉悦的心情，对自己各方面的能力充满信心。同时通过多元发展性学生评价，让学生认识到自己的不足，通过元认知监控，明确自己在哪方面存在问题、制定改进策略，确定改进措施，预测改进效果，从而对自己的前进方向充满动力。

三、多元发展性学生评价的构建

（一）评价体系的构建原则

多元发展性学生评价的目的是促进学生的全面健康发展，因而对学生的评价要淡化评价的鉴别功能，强化评价的诊断与发展功能，要关注学生的个性，制定多元化的评价细则，以便对学生做出客观全面的具有发展性的评价，在评价时要更加重视过程评价，质性评价与量性评价要有机结合，多对学生进行积极评价，慎重对学生的消极评价，要让学生、家长、教师都充分参与进来，从而促进学生身心健康和全面发展。因此构建多元发展性学生评价，应该遵循以下原则：

（1）全面发展的原则。这是实施多元发展性学生评价的首要原则，评价指标要立足学生的现状，着眼于学生发展的未来。通过评价，不同层次的学生都会发现自己在物理学习活动中的闪光点和存在的问题，从而使评价起到有效的诊断和激励作用，使各个层次的学生都有自己的努力方向，都对自己充满信心，爱学物理，会学物理。

（2）评价内容多元化原则。学生评价内容是人才培养目标的具体体现，因此评价内容要多元化，才能让学生得到更全面的发展。多元化评价内容既包括基础知识的掌握和基本技能的养成评价，还要包括对过程方法，情感、态度价值观的评价。既有对知识的评价，还有对动手动脑创造能力的评价，对学习态度的评价，对沟通能力、合作能力的评价等等，使评价内容多元化。

（3）评价主体多元化原则。多元发展性学生评价改变过去教师是唯一评价主体的状况，使学生本身、同组同学、教师、家长等都成为评价的主体，共同参与评价，使评价更加客观准确。学生自我评价的过程是一个自我反思总结的过程，能充分发挥其主动性，调动学习的热情，有助于学生的自我管理能力的提高。学生之间的评价可以有效促进学生间的沟通交流，学生之间的评价可以从不同的角度去发现问题，使彼此间更清楚地看到自己的闪光点和问题。家长主要参与质性评价，通过家长参与，可以让家长更加了解自己的孩子，看到孩子的努力和进步，家长的鼓励可以让学生更加充满自信，家长的希望可以让学生更加有前进的动力。同时家长参与评价也起到了增进家长和孩子的亲情，让家长更关心孩子，让孩子充分体会到父母对自己充满希望，带着爱上路。

（4）评价方法多元化原则。要改变以往多用试题对学生进行测评的方案，评价方法要多元化。可以有口头表扬，观察与面谈了解、写小论文、做研究课题、制作小制作、档案袋记录等方法。当然我们现在研究的多元发展性学生评价还采用升级制评价方法，通过晋级的方式让学生体会到攀登高峰的乐趣，整个高中三年就是爬了一座知识的高峰，有苦有收获，其乐也无穷。

（5）质性与量化相结合原则。量化评价具有客观性强，易记录等优点，可以有效地测量学生知识的掌握。但不能全面有效反映学生的学习情况，更无法评价在过程中展示出的学习态度、学习品质、课堂参与等情况。质性评价可有效地关注学生的学习过程中的各种表现，及其进步或者存在的问题，对量化评价起到很好的补充作用。但质性评价主观性较强，不同的人对相同的事情，看法观点可能会不同，评价结果也有可能会不同。所以我们在评价时应将质性评价与量化测评相互结合，从而对学生进行更全面更合理的评价。

（6）发展性原则。多元化学生评价要"以人为本"，要明确评价是为了促进学生更好地完成学习目标，让学生更加喜欢学习学科知识，对自己更加自信。因此评价不要急功近利，不要只看得到的结果，更要重视学习的过程，要立足学生的基础，看到学生的进步，立足于学生的现状，落脚于学生未来的发展。评价要让学生看到发展的过程，从而对自己充满信心，从而努力向前，一点一点慢慢进步。升级制的档案袋能让学生看到自己量的积累过程，看到自己的努力换来的成果，因此必然信心百倍。

（7）激励的原则。发展性评价的目的是对学生起到激励促进作用。学生是发展中的个体，存在这样那样的不足是非常正常的事情，当发现学生身上的优点时，教师要善于抓住机会给予学生恰当激励，其实教师的一句话，一个眼神，一个微笑有时都会对学生起到很好的鼓励作用，可以激发学生强烈的学习兴趣，极大地增强其学习信心。当然，通过评价发现学生身上存在的问题时，也要让学生意识到不足，从而起到鞭策作用，让学生知不足而奋发。当然，评价要客观公正，不能随意表扬或者批评。

（8）及时性原则。多元发展性评价一定要及时，一般每节课每天都要有适时的评价，每周每个月都要及时通报升级情况及存在的问题，让学生针对评价对自己有清醒的认识，认识到自己做得好的地方以及需要改进的地方，以便及时改进，使学生时刻信心十足，奋发努力。如果反馈不够及时，那么对学生的诊断和激励作用就不会立竿见影。

（二）评价体系的构建意义

多元发展性学生评价以"升级"制为载体，一级分为十个阶，一阶1000分。评价体系不是为了简简单单单地给学生打一个冷冷的分数，更不是让学生拿自己所获得的学习成果与其他人进行横向的比较，而是通过该升级制评价体系的各项评估指标及结果让教师、家长及学生本人了解被评价者在各个阶段内的物理学习状态。对学生来说，等级是学生自己前进路上的有效参照物，拾级而上可以让学生体会到不断进步的快乐。

质性评价与量性评价相结合，学生通过各方面的表现积累分数从而升级，每攀升一个阶，学生自己，任课教师以及家长要对该段表现做一个质性评价，通过质性评价让学生自己找到自己的优势和不足，从而不断改进，攀升更高的级别。

学生不仅可以通过课堂学习，完成教师布置的作业来获得相应的分数，而且可以通过课后研究，应用学科知识完成小制作，或者撰写小论文等获得相应的奖励分数。这样可以提高学生学习物理的积极性，通过小制作可以培养学生们的动手能力，使他们能够活学活用，并能在制作中体会到知识的有用，从而更加愿意学习物理。学生撰写小论文必然要参考资料，提出自己的见解，在查阅资料的过程中，可以开拓学生的视野，让学生接触到更多与物理有关的知识，从而培养他们独立思考解决问题的习惯，同时还可以培养学生的语言表达能力，让他们学会把自己的学科见解转化成文字与更多的人交流。

多元发展性评价，让学生对物理课有了期待，让每个学生都能在课堂上找到自己的位置，实现自己的价值。课后物理活动的多元化评价，能让学生在从生活中发现物理知识的过程中，体会到物理的奥妙，激发学生学习物理的欲望。利用升级制贯穿三年高中物理学习，使学生体会到过程的快乐和攀登高峰的激情，从而实现全程发展性学生评价。

第三节 高中物理教学设计的评价

一、形成性评价和发展性评价

教学设计方案在推广之前，一般要在小范围内使用，测定它的可行性、适用性和有效性以及其他情况，检验并不断修改、完善方案，使教学设计过程及其成果更趋有效。

教学设计的评价，包括形成性评价和发展性评价，以形成性评价为主。教学设计的形成性评价主要是指对运用教学设计原理设计教学的过程和结果进行价值判断，其目的在于通过收集关于教学设计过程和方案有效性的数据，以改进、优化设计方案。

二、教学设计评价的一般过程

评价方法通常包括制订计划、选择评价方法、试用设计成果和收集资料、归纳和分析资料、报告结果等几项工作。

（一）制订评价计划

这是教学设计形成性评价的准备阶段。在该阶段主要是确定评价活动的目的、评价对象、评价的指标体系，在何种情况下从事评价和实施评价后所必须做出的决策，以及在什么时候、什么地方实施测量，获取信息以及如何组织等工作。一份完整的评价计划主要包括：

(1)确定评价对象和评价目标。形成性评价的对象是教学设计方案及与之相关的材料，因此需收集的数据主要包括前期分析、教学目标、评价试题和教学策略有关的信息，但其中最关键的是教学策略。

(2)设计评价指标体系。如评价的是教学材料，一般可以从教育性、科学性、技术性、艺术性等角度建立具体的指标体系。

(3)确定收集信息的类型和方法，处理统计数据的技术手段。形成性评价需要收集的信息主要包括教学目标的达成情况（一般采用学生的学习成绩）、学习者和教师的态度以及教学过程的实施情况，收集这些信息的方法有测验、问卷调查、访谈、观察、师生的反思报告等。

(4)选择数据收集的对象并阐明成果的背景条件。说明选择试用的条件、人数等，并解释教学设计成果的试用是在什么背景下进行的，需要什么条件支持，等等。

（二）实施评价计划

1. 按教学设计试行教学并收集资料

本项中包括两项几乎同时进行的工作。对于中学物理教师而言，一般教学方案的设计者往往是教学实施者，同时也是课堂的观察者，而课堂资料的收集既是一项基础工作，又是评价中工作量最大的工作，评价者要根据评价指标体系，逐项收集信息，全面、客观、真实地掌握评价对象的情况。有时为了使工作能得以顺利进行，还需多名评价人员协助工作开展。当然随着科技的进步，可以对整个教学过程进行录像，为了减少课堂评价人员对教学的影响设置微格教室等，都有利于试行教学资料的收集。

在课堂观察中，评价人员可以从以下几个方面进行记录：各个教学活动所花费的时间，尤其是为了突出学为中心，要记录教师讲授的时间；每个知识点是如何落实的；教学中有没有背离教学设计的内容；在演示实验过后，学生是如何根据实验现象进行理论分析，并归纳总结的；学生在课堂上提出哪些问题，这些问题与教学内容的关联性；教师如何处理学生的问题；关注学生在课堂中的合作程度，上课的参与情况等。

进行课堂观察并不是教学实施情况资料收集的唯一途径，教师可以在课后开展问卷调查和进行简单的形成性测试。例如，在一堂概念课或规律课后，教师可以编制一些概念辨析题或规律应用题，让学生当堂完成，测试学生对概念的理解或对规律的应用能力，以利于进行教学设计方案的改进。

2. 整理评价信息

整理评价信息也就是对收集的信息进行汇总整理。通过采用观察、测验、访谈和问卷等方法，评价者收集到一系列所需的资料。为了便于分析，可以根据需要，将测量的数据资料进行统计处理，制成图表。随后，评价者应对资料做进一步分析，拿各类数据与评价标准做比较，考察各种现象的相互关系。经过分析，可能会发现一些重要问题，随即应对它们加以解释，并通过恰当的途径证实自己的解释。例如，当几种评价工具提供的数据对设计成果的某些方面显示出共同的趋势，而这种趋势与预期的教学目标相悖时，将予以特别关注。设计者可就这些问题向有经验的教师咨询，或与被试学生进行沟通。这些努力的目的是让其他教师或学生对初步分析结果和改进意见加以证实。为此，设计者应持有虚心、诚恳、坦率和求实的态度，而当该成果遭到批评时，还应保持冷静，以使所有被访者都能毫无保留地提出意见。最后可将访谈结果与初步分析结果综合起来，对评价资料做进一步的深入分析，并在此基础上酝酿修改设计成果的方案。

对教学设计进行评价的目的是改进教学设计，对于中学物理教学而言，对教学设计的评价的主体往往是教学方案的设计者本人，教师要认真整理评价信息，并写出整改意见。

（三）教学设计的修改

在收集各种信息后，需要对教学设计做修改，一般来说，需要考虑以下四个方面：

（1）学生的知识和经验。要进行有效的教学，必须对学生的知识和经验有充分的了解。从以往的教学来看，由于高中教师对学生在初中已学的物理知识不熟悉及平时了解学生不够，导致教学中往往对学生的知识和能力了解不够。

（2）教学目标设置。教学目标是教学的出发点和归宿，它的正确制定和达成，是衡量一堂课好坏的主要尺度。首先，从教学目标制定来看，要看是否全面、具体、适宜。全面，是指能从物理观念、科学思维、实验探究、科学态度和责任等方面来确定；具体，是指知识目标要有量化要求，物理核心素养目标要有明确要求，体现学科特点；适宜，是指确定的教学目标，能以课程标准为指导，体现年级、模块教材特点，符合学生年龄实际和认知规律，难易适度。其次，从目标达成来看，要看教学目标是不是明确地体现在每一个教学环节中，教学手段是否都紧密地围绕目标，为实现目标服务。要看课堂上是否尽快地接触重点内容，重点内容的教学时间是否得到保证，重点知识和技能是否得到巩固和强化。

（3）教学策略。教师需要考虑在教学过程中教学策略使用是否妥当，对概念的教学应该用怎样的方法；规律教学中有没有足够的时间让学生去推导和掌握，实验在教学中有没有发挥应有的作用。

（4）教学程序。教学目标要在教学程序中完成，教学目标能不能实现要看教师教学程序的设计和运作。

教学程序评析包括以下两个方面：

第一，教学思路设计。教学思路是教师上课的脉络和主线，它是根据教学内容和学生水平两个方面的实际情况设计出来的。它反映一系列教学措施怎样编排组合，怎样衔接过渡，怎样安排详略，怎样安排讲练等。教师课堂上的教学思路设计是多种多样的，为此，我们评价教学思路，一看教学思路的设计是否符合教学内容实际，是否符合学生实际；二看教学思路的设计是不是有一定的独创性，能不能给学生以新鲜的感受；三看教学思路的层次脉络是不是清晰；四看教师在课堂上教学思路实际运作的效果。有些教师上课效率低，很大程度上就是教学思路不清，或教学思路不符合教学内容实际和学生实际等造成的。

第二，课堂结构安排。教学思路与课堂结构既有区别，又有联系。教学思路，是侧重教材处理，反映教师课堂教学纵向教学脉络。课堂结构则侧重教法设计，反映教学横向的层次和环节。它是指一节课的教学过程各部分的确立，以及它们之间的联系、顺序和时间分配。课堂结构也称为教学环节或步骤。课堂结构设计是十分重要的，课堂结构的不同，也会产生不同的课堂效果。一节好课的结构特点应该是：结构严谨、环环相扣、过渡自然、时间分配合理、密度适中、效率高。

分析各种教学设计模型，都可以发现，对教学设计的形成性评价过程非常重视。通过数据收集，可以了解教学设计中的优点与不足，并在此基础之上进行修改，使之更适合学生的需求，有效提高教学质量。

第四节 高中物理课堂教学的评价

一、物理课堂教学评价

（一）教学评价的含义

评价是衡量人或者事物的价值，是一种价值判断。综观国内的相关文献，可以发现国内学者对教学评价的理解多种多样，主要包括以下几种教学评价的概念：

（1）教学评价在中小学通常可以在两个层面上进行理解：一是教学工作评价；二是教师教学评价（主要是课堂教学评价）。

（2）教学评价是指对学校教育工作的评价，包括对教师的教和学生的学的评价，具体表现为课堂教学评价，学生学业成就评价等方面。

（3）教学评价是以教学目标为依据，运用科学有效的手段，系统地收集教学有关的信息，对教学活动的过程和结果做出价值判断，并为被评价者的自我完善和教育部门的决策提供依据的过程。

分析以上对教学评价的定义，可以归纳教学评价在以一定教学目标为依据、采用科学可行的方法与技术为手段、运用一定的标准进行判断等方面是共有的。结合新课程发展的状况，可以理解为教学评价是指以一定的教学目标为依据，对教学的整个过程的各个方面做出价值判断和客观的衡量，以促进教师和学生的共同发展[①]。

（二）物理课堂教学评价的内容

综合国内外研究概括中对课堂教学评价的定义，课堂教学评价分为广义的评价与狭义的评价两种。从研究实际出发，将物理课堂教学评价界定为：物理课堂教学评价是评价者（教师）依据一定的评价标准和原则，对教师和学生在一节物理课的行为与表现和教学效果做出价值判断的过程，并为被评价者的自我完善与发展提供依据的过程。其目的是提供反馈信息，改进中学物理教学，提高中学物理课堂教学质量，促进教师和学生的共同发展。

二、课堂教学评价理论及启示

（一）教学评价的理论

1. 教学评价的类型和方法

根据不同的标准，可以将教学评价分为以下几类：

（1）形成性评价与终结性评价。形成性评价主要指在教学前或者在教学过程中对学生学业状况等进行的评价，其目的在于了解学生已有的知识水平或学生在教学中所取得的进步及存在的问题，及时调整教学，促进学生发展。终结性评价主要指在学期末或某一阶段学习结束后对学生进行全面的评价。终结性评价只关注结果；形成性评价是关注过程，重在发展的评价。因此，新课程倡导形成性评价和终结性评价相结合，为促进学生更好地发展服务。

（2）量化评价与质性评价。我国教学评价的主要形式是考试。这种评价就造成了教师为考试而教，学生为考试而学的现象。量化评价在一定程度上有它的作用，但它不能测量许多难以量化的丰富内容。质性评价方法是对量化评价方法的一种反思批判和革新，质性评价方法可以更逼真地反映教育现实。质性评价和量化评价并不对立，在同一评价过程中，这两种方法可以结合起来运用。

（3）常模参照评价与标准参照评价。常模参照评价指以学生的成绩与同一团体的平均成绩相互比较，以此确定其成绩的等级和每个学生在团体中的相对位置

---

① 程柱建.物理观念的教学与评价[J].物理教师，2019，40（8）：4-9.

和名次，又称为"相对评价"。利用相对评价可以了解学生在总体中的表现和该学生与其他学生之间的差异，但它的缺点是参照标准会因为学生的不同而有所变化，容易使评价标准偏离教学目标，不能够充分反映教学上的优缺点，同时也会忽视个人的进步程度，特别是对后进生的努力缺乏适当评价。标准参照评价是指以具体体现教学目标的标准作业为依据，以此来确定学生是否达到标准，学生掌握了什么知识以及能做什么的评价方法，又称为"绝对评价"。主要是了解学生对于基础知识、技能的掌握情况，利用反馈信息及时调整和改进教学，主要缺点是试题的编制很难充分、正确地体现教学目标，同时也容易受到评价者主观意愿和原有知识经验的影响。因此，在对学生进行评价时要将这两种评价方法有机地结合起来[①]。

2. 教育目标分类学

教育目标是教育教学评价的基础，教育目标在整体上可以分为认知领域、情感领域和动作技能领域，每个领域的目标又由高到低分成若干层次。认知领域的目标包括知识、领会、应用、分析、综合和评价等六级水平；情感领域的教育目标包括接受、反应、形成价值观念、组织价值观念系统和价值体系个性化五个水平；动作技能领域目标分为知觉、模仿、操作、准确、连贯和习惯化六个水平。从实际上解决了教学评价中评价什么的问题。

3. 发展性教学评价理论

发展性课堂教学评价主要是在借鉴和引用西方国家（特别是美国和英国等国家）的评价经验的基础上提出来的，其理论基础也是一些西方比较流行的哲学、心理学、人类学等理论。例如，加德纳的多元智力理论、人本主义教育思想、后现代主义教学观、建构主义教学理论等。

发展性课堂教学评价的一个重要特点就是强调多元性。其多元性特点主要表现在以下方面：一是评价主体多元，强调多方参与和互动、自我评价和他人评价相结合；二是重视综合评价，关注个体差异，实现评价的多元化。传统的课堂教学中只存在单一的评价主体——教育者，其局限性是显而易见的。因此，新的评价思想提倡评价主体的多元化，强调在评价过程中，评价者应该是由多方面人员组成，反对只有少数人进行的权威性评价；评价者与被评价者之间应该是处于一种人格上的平等地位，不存在谁凌驾于谁之上的问题；尤其在评价过程中要重视并鼓励被评价者进行一定的自我评价。显然，这种评价主体多元化的思想首先追求的是一种人格的平等，但是我们需要注意的是，人格的平等和知识的平等以及

---

① 肖旭日.新课程标准下高中物理教学评价研究［J］.教育，2017，（41）：28-29.

评价权利的平等不是一回事。主体多元是对传统的评价弊端的改革，提倡评价主体的多元化，在某种程度上反映了权威的失落。

但是就我国的实际情况而言，我们的评价制度和传统的评价恰恰建立在一定的权威预设和中心维系的基础上。对于评价主体多元，发展性课堂教学评价强调学生进行自我评价，体现了一定程度的主体自觉，并把学生的自我评价作为学生评价的一个重要内容[①]。

（二）对本课题研究的启示

在教学过程中要考虑到学生认知、动作和情感这三个领域的层次，注重对学生的过程性评价，把过程性评价和终结性评价相结合，它实际上解决了在教学中评价什么的问题。发展性教学评价理论是关注教师素质提高，学生全面发展和改进教学实践的一种形成性评价理论。发展性教学评价主要特征是多元性、整体性、过程性和反思性。发展性教学评价理论主张教师在课堂教学中应该以学生为主体，让学生全面参与；以教师为主导，教师要引导学生学习。因此，在教学过程中不仅要注重学习的效果，更应该注重学习的过程，对学生所表现出的各个方面都给予关注。评价的功能在于促进学生主体能动性的发挥，积极地参与到教学活动中，促进课堂教学活动的有效开展。

三、物理课程标准对教学评价的建议与启示

（一）对物理教学评价的建议

高中物理课程标准强调在物理课程评价上要更新观念，促进学生的发展。高中物理课程应该体现评价的诊断功能和内在激励功能，关注过程性评价，注意学生之间的个体差异，帮助学生认识自我、建立自信，促进学生在已有的基础水平上发展，使其能够达到"最近发展区"的水平。通过评价还可以帮助教师提高自身的专业化水平以及教学实践的改进等。

在评价目的方面，为了提高教师的教学水平和学生的科学素养，为新一轮的基础教育改革提供必要的保障。物理课堂教学评价应该帮助学校管理者、物理教师、学生、家长等了解高中物理课堂教学的情况；使学生能够看到自己在发展中的长处和不足，同时也要鼓励他们发展自己的特长和爱好，增强学生学习物理的自信心；促进学生在知识与技能、过程与方法、情感态度与价值观等方面的全面发展。

[①]刘朝安.基于核心素养的初中物理实验教学评价的研究[J].中学物理（初中版），2018，36（11）：11-12.

（二）对物理教学评价的启示

评价标准是衡量事物的准则，确定课堂教学评价标准是为了保证全面、有效地进行课堂教学评价的基础，也是课堂教学评价功能正常发挥的必备条件。课堂教学评价应该符合教育规律和现代课堂教学改革的潮流，所以课堂教学评价的标准必须体现现代教育思想。从具体的操作层面讲清"什么样的课是一堂好的物理课"是中学物理教师最想明确的问题。

由于传统课堂教学对我们影响很大，我们很难确定什么样的课才能成为新课程背景下高中物理所谓的"一堂好课"。不仅如此，由于各个省份、各个地区和各个学校的教学环境有所差异、构成班级的学生群体有差异、每一堂物理课的教学内容都有差异，在这种情况下，如果要用一个标准来衡量每一节物理课是不是好课，显然是不合理的。评估一堂课的教学质量，应该主要考查学生是否主动参与到教学过程当中，师生之间是否保持有效互动，学生是否形成对知识的理解，学生的创造能力和反思能力是否得到培养以及学生是否有积极的情感体验。一堂好课应该具备以下五个特点，即有效率的课、有意义的课、有生成性的课、常态下的课和有待完善的课。针对一堂好的物理课做出下述概括：

首先，一堂好的物理课应以考查学生在课堂教学中的学习活动状态为主。新课程理念下的课堂教学评价重视以学论教，关注的是学生在课堂教学中的表现，即关注学生在课堂上是怎样学的。一堂好的物理课应该尽可能让所有的学生参与到学习活动中。学生在课堂教学中没有参与或者参与程度不够，就算不上新课程所强调的学生在课堂中的主体地位。学生在高中阶段的物理学习不只是接受书本上和教师所讲的知识，而应该是以他们小学和初中已有的知识和经验为基础，主动地对知识进行构建的过程。皮亚杰认为，学习是以认知冲突为起点的，传统的物理教学以知识的灌输为主，没有引起学生有效的认知冲突，因此，在课堂上学生大多是被动的、应付的学习、参与的深度不够。

物理实验是物理学的一个重要组成部分，实验也是物理学的基础，物理科学概念的建立和物理规律的发现都是以实验事实为依据的。从现代教学思想来看，实验课不但要让学生了解物理学的基本实验方法，掌握一定的实验操作技能，最为重要的是培养学生的创新精神。传统课程中的学生实验大多是学生根据已经学习到的物理知识，对这些知识进行验证，这样的实验对学生的束缚太多，既不利于学生主动地参与，也没有达到让学生学习科学探究方法的目的。新课程标准下的物理实验是让学生先进行自主的探究和发现规律，然后教师对学生所理解的知识进行归纳总结，得出新的物理知识。

新课程标准下的物理课堂中，教师和学生都是课堂中的学习者，都在不断地超越自我，同时相互交流和帮助。教师应该创设一种民主、宽松、平等的学习环境，让学生觉得自己在这样的一种环境中学习是自由的，安全的，这样他就能和教师、学生进行平等的对话。在这样的环境中，师生之间、学生之间能够分享彼此的知识和见解，交流彼此的情感和观念，这样的物理课才是一堂好课。一堂好课，应该是对一段时间内学生的学习过程和学习结果综合考虑后做出的某种判断。新课程标准下的一堂好课，不是对原来的物理课堂教学的否定，而是继承、发展和超越。

其次，好的物理课应该体现在课堂的建构性、多元性和生成性的统一。建构性是好课的一种自然的教学规律，生成性是好课在教学过程中的基本要求，多元性是判断一堂好课的重要方面。让学生以主体身份参与教育教学的评价，评价的方法和手段要多元化，同时对学生在学习过程中表现出来的行为、需求、潜能等也需要给予及时和恰当的评价。

最后，一堂好课应该以学生的发展来衡量，要求做到知识与能力同步发展，认知、态度与情感和谐发展。具体要做到的内容包括：教学目标的多元性、教学过程的生成性、教学内容的开放性、教学评价的激励性、媒体使用的恰当性。

课程标准对教学评价提出了一些建议，这就要求我们在物理课堂教学中对学生的评价要多元化。强调评价促进学生发展的作用，重视学生学习的过程，不应该以考试的结果作为唯一的评价依据。物理课堂教学评价在内容上应该从知识与技能、过程与方法、情感态度和价值观三方面关注、评价学生的发展，使学生具有适应时代发展需要的基础知识和基本技能，同时教师应该关注学生在学习过程中的表现，欣赏学生的发展，关心学生的进步，为学生的发展提出方向。在评价形式上，要把终结性评价和形成性评价相结合，多角度地评价学生。

第五节 高中物理课堂教学效果评价

一、从制度层面完善高中物理课堂教学效果评价

（1）改革教育行政部门和学校评价制度，为课堂教学评价提供制度保障。调查发现，在新课标背景下的教师要比课改前的教师付出更多的努力，改善评价制度，提高教师的社会地位和福利待遇，让教师无后顾之忧；同时对于学校来说，应该减少教师的教学工作量，让他们能够有更多的时间在教学实践中钻研新课程的相关理念，这样课堂教学评价就能真正地得到落实。

（2）改革高考制度。课堂教学评价的目标是让师生都能够得到发展。如果能够把高考制度适当地变革，以使教师的教学压力和考试压力相对减小，教师就能花费更多的时间在课堂教学评价上。

二、提高物理教师的教学评价素养

教师作为知识的传播者和学生的教育者,教师评价素养的高低直接关系到对学生的评价,因此要提高物理教师的评价素养。首先,要提高物理教师的评价技术,让教师从多个角度评价学生,用多元化的方法客观、公正地评价学生。在物理课堂教学中要善于抓住学生某些好的表现正面地、激励地评价学生。其次,要提高物理教师的评价理念。评价理念在新课程背景下的物理课堂教学中有非常重要的作用,物理教师拥有的评价理念的多少关系到教师在课堂教学中所运用的评价方法,同时也关系到评价理念在新课程中的落实情况,因此要鼓励教师对课堂教学的评价理念进行研究和给教师创造学习新课程评价理念的条件,让他们的评价素养都有所提高[1]。

三、转变师生教学评价观念

在传统的课堂教学中都是教师评价学生,学生一味地接受教师对自己的评价。在新课程背景下,教师和学生具有同等的地位,师生之间是相互平等、相互尊重的关系。因此,要改变传统的师生评价观念。让学生意识到教师对学生的评价并不是权威的、独一无二的,学生有权质疑教师对自己的评价,自己同样也有权利参与到对自己的评价中去,同时也要让教师意识到对学生的评价要从多个角度去思考,全面地评价学生,要引导学生参与到评价中去。

新课程标准下的高中物理课堂教学评价的实施,教师是最为关键的因素,物理教师所掌握的课堂教学评价及其相关理论的多少直接会影响到课堂教学评价的实施,假使某一名教师对于教学评价理论进行了深入的研究,那么在实际的课堂教学中这名教师就会将他自己所研究的理论付诸实际的课堂教学中;假使某一名教师对于教学评价理论知之甚少,那么在实际的课堂教学中他就有可能按照传统的评价理念对学生进行评价,这就不利于学生的全面发展和他们的个性发展。从调查的结论来看,大部分物理教师都没有对物理课堂教学评价进行深入的学习和研究,没有转变其物理课堂教学评价的观念,因此有必要支持和鼓励物理教师不断地在课堂教学评价方面进行研究,在研究的过程中逐渐提高自己评价学生的能力,转变评价的观念。

---

[1] 刘国跃,龚劲涛,廖碧涛.新课程标准下高中物理课堂教学评价的研究[J].物理教师,2009,30(9):1—3.

四、加强学生课堂教学自主评价

在课堂教学中，教师和学生都是课堂中的主人，所以课堂教学评价不仅要发挥教师的主导作用，同时也要发挥学生的主体作用。假使物理教师在课堂教学当中只考虑自己对学生的评价，那么学生就会认为教师评价学生是天经地义的事情，教师对自己所有的评价都是正确的，这将会使课堂教学评价的功能大幅度削减，所以教师在课堂教学中应该允许和鼓励学生进行相互评价和对自己的评价，最后把学生之间的评价和自评作为最终评价学生的一个因素，这样就可以促使学生全面地认识自己，激发和加深他们学习的兴趣和积极性。教师在引导学生进行自我评价和相互之间的评价时，一定要让学生做到客观公正，让同学之间能够相互学习对方的优点，相互欣赏，使他们的学习成绩和各方面的能力都能共同进步，同步发展。同时，在制定对学生进行评价的量表时，要让学生参与进去，因为我们评价的对象是学生，而学生的许多想法是我们教师无从知道的，当把这些想法中切合实际的部分加入到评价量表中的时候，我们使用此量表对学生的评价就能更加客观，更加符合学生的实际情况。因此，在课堂教学中要充分发挥学生的主体作用，加强学生在物理课堂教学评价的自主性。

五、重视对学生课堂表现的及时评价

物理课堂教学是由教师和学生共同参与完成的，师生双方缺少任何一个都不能构成课堂教学。课堂教学不是一个静止不动的过程，而是由学生和教师在课堂中的表现动态生成的。学生不是一个学习的机器，他们在课堂中会有各种各样的表现。每一个高中生，都有自己的优点和闪光点，如果教师能够关注学生在课堂中的表现，紧紧地抓住他们所表现出来的亮点，对他们的表现给予及时、恰当的评价，那么学生的这些优点会成为促进他们发展的动力，同时学生也会认为教师在时刻关注着自己，对自己是重视的，这样就能够拉近教师和学生之间的距离，使学生对教师更加尊重，最终学生会被教师的人格魅力所征服，使学习物理的热情越来越高。另外，在物理课程中，有的学生对物理教材的知识理解能力强，有的学生实际动手能力强，有的学生喜欢实验或者探究，假使教师对学生的这些情况都有全面的掌握，物理教师就可以利用他们的这些特点去评价他们，那么学生就一定对学习物理产生更大的兴趣，最终一定会有意想不到的效果，一定能够促进学生的发展。

六、重视物理课堂教学效果评价的全面性

高中物理课堂教学不仅仅是要让学生掌握必要的科学文化知识，更重要的是

让学生在学习的过程中提高自己的动手和操作能力，培养自己热爱物理、热爱生活和大自然等方面的情感，树立正确的人生价值观，因此，在物理课堂教学中要全面地评价学生，注重对物理实验和学生情感态度、价值观方面的评价。

物理实验教学不仅仅是让学生学习物理实验知识，更重要的是要让学生从物理实验中锻炼动手实践的能力，从实验中培养学生的创新思维和科学素养。在新课程改革之前，由于高考中对于实验部分主要是考查学生对于实验操作步骤和实验现象等的掌握情况，所以传统的实验教学评价只注重对学生的纸笔测试，在进行实验教学过程中让学生记住高考所要考查的实验步骤和实验现象、对实验结果和误差的处理，无法对学生的实验操作技能和探究能力进行考核。在新课程进行改革后，高考对于实验部分的考核形式也发生了变化，所以对于实验教学的评价也应该发生变化。同时，高考只是学生漫长的人生中的一个组成部分，我们在实验教学中不仅仅要让学生掌握实验知识，而且还要让他们在实验中学习到除实验知识以外的知识和培养他们各方面的能力。所以，物理教师一定要重视物理实验教学的评价，把对物理知识的评价与实验操作技能方面的评价有机地结合来，综合地评价学生。对于一个学校来说，要提高对实验的重视程度，就必须加大教育经费的投入，改善学校的实验环境和实验仪器，同时配备一名专业的物理实验教师，增加物理实验的教学时间。

高中阶段是学生系统学习文化科学知识的一个关键时期，学生在这一时期所形成的各方面的品质和素质对以后的工作和学习都具有非常重要的影响。教师在教学过程中不仅要关注学生知识与技能方面的掌握情况，同时也要关注他们学习物理知识的过程和方法，最后使他们在情感、态度、价值观方面有所收获。一个人的情感在一定程度上可以体现出这个人的人生价值取向，一个高智商的同学拥有很好的科学知识，假使他走进社会之后，人生价值取向背离了法律和道德的路径，那么他所拥有的这些科学文化知识将会极大地危害到社会。因此，在物理课堂教学评价中，教师不仅要对学生掌握的知识和技能给予评价，同时还要对学生的情感、态度、价值观进行恰当的评价，使学生在这个过程中形成一种热爱科学，有为科学事业做出贡献的理想。同时，在对学生进行情感方面的评价时，可以培养学生的思维能力，拓展他们的视野，发展学生个性和提高人文素养。

绝大多数教师对学生进行评价时，主要是采用单一的评价方式和一种评价标准评价所有的学生，这种评价势必造成对学生的评价的不客观性，因此在对学生进行评价时有必要采用多元化的评价方式，如质性评价和量化评价相结合，形成性评价与终结性评价相结合，相对评价和绝对评价相结合等。

（一）质性评价与量化评价有机地结合

新课程改革对高中物理课堂教学评价提出了越来越多的要求，同时也提出了要用质性评价和量化评价相结合的方式综合评价学生。质性评价主要是使用档案袋、教学评价记录卡等方式来评价学生。

在高中物理课堂教学中提倡使用档案袋评价法。教师在实际教学过程中要知道怎么样运用档案袋对学生进行评价。在档案袋里面所装的应该是学生认为最能反映他们学习成就的实物材料，同时教师也可以根据实际的情况在档案袋里面装进自己认为重要的材料。而对于档案袋的保管，可以由教师统一保管，也可以让学生自己保管好。对于材料的收集过程，教师起指导作用，完全可以让学生自己来完成，让学生自己放手去做。同时要多使用档案袋来鼓励学生，让他们积极反思。物理中的实验课程也很适合使用档案袋评价，因为在实验课程当中有许多非量化的内容，而档案袋评价就可以弥补这部分的缺陷，使得实验课的评价更加人性化。

（二）形成性评价与终结性评价相结合

高中物理教材是由几个模块构成的，在每一个模块当中又有几部分内容。在学期末或者某一阶段学习后对学生进行全面评价，这种评价只关注结果，对学生的学习过程并不关注，会具有一定的偶然性，就会对学生的评价不够客观、真实，同时也不利于学生良好思维品质的形成，限制学生解决问题的灵活性和创造性。而形成性评价能够深入地了解学生在学习过程中的发展，及时了解学生在发展过程中遇到的困难和困惑，对学生的持续发展都有好处。形成性评价能够促进学生知识与技能、过程与方法、情感、态度与价值观的全面发展。所以要把形成性评价和终结性评价有机地结合起来，对学生的学习过程和学习结果同时评价，这样就能促进学生更加全面地发展。

（三）对不同的学生用不同的标准评价

以生为本的评价理念，首先，要求教师在进行课堂教学评价时，评价标准和评价内容要多元化，同时要考虑到学生之间的差异，学生的年龄特点、心理特征以及所学知识的特点。对于学生的考试分数，教师要用积极鼓励的标准评价；其次，要着眼于学生的长远发展，体现学生在课堂教学评价中的主体性，引导学生积极参与课堂教学，积极主动地利用自己原有的知识去构建新的知识，发挥教师的课堂教学评价的激励、引导作用；最后，教师要保护爱护每一个学生，用发展的眼光去看待和关爱每一位学生，在课堂教学评价中，尽量使用激励性评价，使每个学生得到肯定，让学生通过教师的评价体验到成就感，从而树立学习物理的自信。

结束语

伴随着新课改的不断深入和发展，核心素养成为物理教育教学过程中的重要组成部分。然而，怎样让核心素养来引导高中物理的教育教学，增加物理课堂教学的质量和效率，是所有物理教师需要解决的问题。关于培养高中生物理学科核心素养的研究还不成熟，这需要广大教育者来丰富培养学生物理学科核心素养的策略和方法等体系，提高学生核心素养是各科教师共同努力、互相配合的结果。

本书提纲变动数次，不可避免地出现纰漏乃至错误，希望广大同行批评指正，为今后更好地开展相关领域研究提供长期受益的学术意见。

参考文献

1. 著作类

[1] 蔡清田.核心素养与课程设计［M］.北京：北京师范大学出版社，2018.

[2] 黄光雄，蔡清田.课程发展与设计新论［M］.台北：五南图书出版公司，2015.

[3] 余文森.核心素养导向的课堂教学［M］.上海：上海教育出版社，2017.

[4] 张民选.国际组织与教育发展［M］.上海：上海教育出版社，2010.

2. 期刊类

[1] 艾静，熊建文.基于核心素养的物理课堂教学诊断性评价体系构建［J］.物理教师，2017，38（6）：2-5.

[2] 蔡千斌.核心素养导向的高中物理实验教学策略［J］.物理教师，2020，41（1）：27-29，33.

[3] 蔡千斌.基于学生学习路径的高中物理教学模式［J］.物理教师，2017，38（6）：19-22.

[4] 蔡千斌.指向学生学习的高中物理教学设计［J］.物理教师，2015，36（10）：24-27.

[5] 蔡涛.关于高中物理概念内容的教学策略［J］.科学咨询，2020（22）：58.

[6] 陈雪梅.高中物理"贴近生活、联系实际"教学策略的研究［J］.物理教师，2016，37（3）：26-29.

[7] 程柱建.基于问题解决的高中物理思维教学［J］.现代中小学教育，2013（7）：30-34.

[8] 程柱建.物理观念的教学与评价［J］.物理教师，2019，40（8）：4-9.

[9] 方红霞.高中物理科学探究教学的现状及其对策［J］.教学与管理（中学

版），2015（11）：72-74.

[10] 高杰.加强核心素养的课堂表达提升高中物理的教学品质[J].中学物理（高中版），2020，38（2）：27-29.

[11] 高翔，叶彩红.目前实验教学说课存在的问题与对策[J].内蒙古师范大学学报（教育科学版），2016，29（10）：107-110.

[12] 郭小玲，张军朋.目标导向式物理课堂教学设计——基于加涅的学习理论和教学原理[J].物理教师，2014，35（8）：2-5.

[13] 何新凤，刘传熙.试论物理教学设计及其评价指标体系的研制[J].教育与职业，2012，（18）：182-184.

[14] 何永健.改进高中物理实验教学的思考[J].基础教育课程，2013（5）：53-55.

[15] 黄宏梅.高中物理教学中的科学本质教育[J].物理教师，2006，27（6）：1-3.

[16] 黄开智.物理核心素养视域下的高中物理教学现状调查及分析[J].中学物理（高中版），2020，38（9）：23-28.

[17] 邝娉.STSE教育在高中物理教学中的运用初探[J].教育导刊（上半月），2014（11）：87-89.

[18] 李忻忆，邓志文.基于高中物理核心素养的实验教学探究[J].中学物理（高中版），2019，37（6）：37-40.

[19] 李友兴.凸显学科核心素养的高中物理教学策略[J].物理教学，2020，42（7）：23-27，29.

[20] 李友兴.以物理观念为导向的高中物理教学策略研究[J].中学物理教学参考，2020（10）：4-9.

[21] 刘朝安.基于核心素养的初中物理实验教学评价的研究[J].中学物理（初中版），2018，36（11）：11-12.

[22] 刘国跃，龚劲涛，廖碧涛.新课程标准下高中物理课堂教学评价的研究[J].物理教师，2009，30（9）：1-3.

[23] 蒲相元，张迪.浅谈高中物理习题课教学模式的探究[J].中学物理（高中版），2018，36（6）：26-28.

[24] 任虎虎.基于大概念的高中物理单元逆向教学研究[J].基础教育课程，2020（8）：62-68.

[25] 王邦平，琚鑫，岳凌月.基于普通物理的高中物理问题解决模式[J].物理教师：（高中版），2011（12）：1-3，36.

[26] 王美芹，柴丽苹.基于核心素养的高中物理单元教学目标设计——以

"磁场"单元为例[J].物理教师,2020,41(6):15-19.

[27] 王美芹,吕良.基于核心素养的高中物理教学目标设计——以自由落体运动为例[J].中学物理(高中版),2019,37(1):26-28.

[28] 王昕煜.我国高中物理教学现状及其进阶研究[J].科技经济导刊,2016(6):172.

[29] 肖旭日.新课程标准下高中物理教学评价研究[J].教育,2017(41):28-29.

[30] 徐卫兵.高中物理教学中渗透数学思想方法的教学策略[J].物理教师,2016,37(1):11-13.

[31] 徐永明.指向核心素养的高中物理教学微设计[J].物理教师,2019,40(11):24-26.

[32] 许敏萱.核心素养下将物理学史融入高中物理教学的研究[D].大连:辽宁师范大学,2020:4-12.

[33] 杨娟,张正仁,夏川茴,等.普通高中物理探究实验教学研究[J].物理实验,2017,37(8):54-57.

[34] 张惠作.高中物理教学内容的认知化处理策略[J].教学与管理(中学版),2015(9):66-68.

[35] 张山竹.核心素养背景下高中物理规律课教学的有效性研究[D].延吉:延边大学,2019:9-27.

[36] 张雪,张静.基于物理观念建构的5E教学模式研究——以新教材"超重与失重"为例[J].物理教师,2020,41(6):7-10.